DESENTERRANDO EL PASADO

GÉNESIS 3-11

**KAY ARTHUR
JANA ARNDT**

Las ilustraciones fueron hechas por Steve Bjorkman

La portada fue hecha por Left Coast Design, Portland, Oregon

Harvest House Publishers, Inc., es el titular exclusivo de la licencia de la marca registrada federalmente Discover 4 Yourself.

Discover 4 Yourself® Estudios Bíblicos para Niños
DIGGING UP THE PAST
Copyright ©2001 por Ministerios Precepto Internacional
Publicado por Harvest House Publishers
Eugene, Oregon 97402
www.harvesthousepublishers.com

ISBN 978-1-62119-767-6

2019, Impreso en los Estados Unidos de América.

Para mis nietos y sobrino
Mary Frances, HAnah, y David Usry.
Que hallen gracia ante Dios así como Noé, quien vivió en
un mundo lleno de impiedad pero él fue hallado como
un hombre justo, sin mancha en su tiempo. Él caminó con Dios.
Los amo.
Tía JAna
Filipenses 4:8

CONTENIDO

Buscando la Verdad
¡Un Estudio Bíblico que *Tú* Puedes Hacer!

DESENTERRANDO LA VERDAD:
¡UN ESTUDIO BÍBLICO QUE PUEDES HACER POR TI MISMO!

"¡Mira, Silvia, aquí vienen! ¿Puedes verlos?" preguntó Max al ver el Jeep traqueteando en el camino de tierra, dirigiéndose rápidamente hacia el campamento.

¡Has regresado! Y así como Max y Silvia, estamos muy contentos de que te nos hayas unido para nuestra nueva aventura en Génesis Parte Dos. Nos divertiremos mucho al continuar ayudando al tío Jaime en su excavación arqueológica. ¿Quién sabe qué descubriremos ahora? Hay tantas cosas geniales por descubrir al continuar nuestro estudio del libro de Génesis.

Necesitamos averiguar qué sucede después que Dios crea un mundo perfecto. ¿Es el mundo todavía un lugar perfecto en la actualidad? ¿Por qué se fueron Adán y Eva? ¿Qué catástrofe principal ocurrió en la tierra y por qué las personas en diferentes países hablan diferentes idiomas? Parece que tenemos muchas cosas emocionantes que desenterrar, ¿no es cierto?

Puedes encontrar todas las respuestas estudiando la Palabra de Dios, la Biblia y pidiéndole al Espíritu de Dios que te dirija y te guíe. La palabra *inductivo* quiere decir que este estudio te ayudará a investigar el Libro de Génesis y descubrir *por ti mismo* qué significa, en lugar de depender de lo que alguien más dice que significa. Es justo como lo que hiciste en Génesis Parte Uno.

Así que, ¿estás listo para desenterrar la verdad? ¡Grandioso! Entonces mira la lista de suministros y asegúrate que tienes todo lo que necesitas para nuestra gran aventura en Génesis Parte Dos.

¡Te retamos a una carrera hacia la tienda!

COSAS QUE NECESITARÁS
NUEVA BIBLIA LATINOAMERICANA DE HOY,
PREFERIBLEMENTE, LA BIBLIA DE ESTUDIO
INDUCTIVO (BEI)
LÁPIZ O PLUMA
LÁPICES DE COLORES
TARJETAS EN BLANCO
UN DICCIONARIO
ESTE LIBRO DE TRABAJO

1

DE REGRESO AL CAMPAMENTO

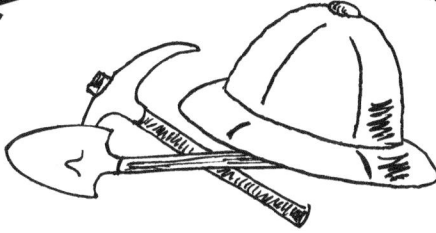

GÉNESIS 1-11

¡Uff, qué carrera! Seguro nos caería bien una limonada bien helada. ¿Qué hay de ti? Démonos prisa y desempaca tu equipo, luego podemos beber algo en camino al campamento principal. Necesitamos encontrarnos con el tío Jaime y el equipo de excavación, para una reunión muy importante, para que podamos empezar a desenterrar más verdades en Génesis.

REUNIÉNDONOS CON EL EQUIPO

"Hola, muchachos, veo que están listos para comenzar", dijo el tío Jaime, cuando nos acercamos al campamento principal. "Empecemos hablando con nuestro 'jefe de excavación'".

¿Recuerdas QUIÉN es nuestro "jefe de excavación"? Correcto, ¡es Dios! Recuerda, no podemos hacer nada sin la ayuda de Dios. Necesitamos Su Espíritu Santo para dirigirnos y guiarnos hacia toda la verdad para que podamos entender las cosas que descubramos en

Su Palabra y cómo Él quiere que apliquemos esas verdades a nuestras vidas. Así que antes que hagamos cualquier cosa, necesitamos buscar a Dios en oración. Luego necesitamos recordar que debemos orar primero cada día, antes de comenzar nuestro trabajo en el sitio de excavación.

Ahora que hemos orado, estamos listos para empezar. ¿Recuerdas cómo iniciamos nuestra excavación en Génesis Parte Uno? Comenzamos obteniendo algunas imágenes del sitio, por medio de un panorama general de los primeros cinco capítulos de Génesis. Un panorama general nos ayuda a ver el contexto del libro que estamos estudiando.

El contexto es el marco o entorno en el que algo es hallado. Esto es importante no solo en el estudio bíblico, sino también en la arqueología. El contexto es una combinación de dos palabras: *con* significa "junto a" y *texto* quiere decir "lo que está escrito". Así que cuando buscas el contexto en la Biblia, buscas los versos y capítulos alrededor del pasaje que estás estudiando.

El contexto además incluye:

- El lugar donde algo ocurre. (Esto es el contexto geográfico, como el Creciente Fértil y no los Estados Unidos y Canadá).

- El tiempo en la historia en que un evento ocurre. (Esto es el contexto histórico, como el tiempo antes de Noé y el diluvio o el tiempo después del diluvio).

- Las costumbres de un grupo de personas. (Esto es el contexto cultural. Por ejemplo, en los tiempos bíblicos la gente vivía en tiendas como Abraham. Abraham era un hombre muy rico que vivió en tiendas en lugar de una casa. Además, ellos vistieron túnicas y no prendas como blue jeans o pantalones caquis).

Descubrimos el contexto mediante la observación. Comenzamos por mirar las cosas que son obvias (aquellas que son lo más fácil de observar). En la Biblia las tres cosas más fáciles de observar son siempre:

1. personas (¿QUIÉN?)

2. lugares (¿DÓNDE?)

3. eventos (¿QUÉ?)

Comencemos con nuestro panorama general. Ben, nuestro artista del yacimiento, nos ayudará a desenterrar el principal evento en Génesis 3. Lo primero que necesitamos hacer es mirar nuestros Registros de Observaciones. Necesitamos leer Génesis 3, en la página 192 y buscar qué es lo más obvio, lo más fácil de observar. Pregúntate esto: ¿QUÉ está pasando en este capítulo? Luego escribe un título para el evento principal en la línea debajo del cuadro a continuación. Un título es una descripción muy breve que comunica cuál es el evento principal. Un título debería:

1. ser tan corto como sea posible

2. describir lo principal que se trata en el capítulo

3. si es posible, usar palabras que encuentres en el capítulo en lugar de tus propias palabras

4. ser fácil de recordar

5. ser distinto del resto de títulos para que puedas distinguirlo

Luego de haber leído el capítulo y haber descubierto el evento principal de Génesis 3, dibújalo en nuestra libreta de dibujos en el cuadro a continuación.

Génesis 3

¡Muy bien! Ahora antes que vayamos a la tienda comedor, repasemos una habilidad que aprendimos en Génesis Parte Uno, que podría ser muy importante para nuestra excavación. Practiquemos nuestras habilidades de decodificación de jeroglíficos, para desenterrar nuestro verso para memorizar. Encuentra la palabra que corresponda al dibujo al ver nuestro cuadro del código jeroglífico. Luego escribe la palabra que corresponda con la figura en los espacios en blanco debajo de los símbolos.

Código Jeroglífico

∧	+	→	E
un	y	oriente	Edén
formado	huerto	Dios	había
al	en	Señor	hombre
puso	plantó	el	allí
	hacia	que	

∧   L   △   plantó   ∧   huerto   hacia

_____ _____ _____ _____ _____ _____ _____

∧   →   en   E   +   puso   allí

_____ _____ , _____ , _____ _____ _____

al   hombre   que   había   formado

_____ _____ _____ _____ .

Génesis 2:____

Ahora escribe tu verso para memorizar en una tarjeta y practica diciéndolo en voz alta tres veces seguidas, tres veces a día. ¡Muy bien hecho!

DibuJando los eventos principales

¡Oye, despiértate, dormilón! Es hora del desayuno y tenemos mucho que descubrir hoy. Ben, nuestro artista de excavación, quiere que vayamos a su tienda tan pronto como terminemos de comer, para que podamos desenterrar los eventos principales en Génesis 4 y 5.

"Entren, chicos", dijo Ben al acercarnos a la entrada de su tienda. "Estaba reuniendo nuestras libretas de dibujos y lápices para que podamos tomar nuestro equipo e ir a sentarnos por el arroyo mientras hacemos nuestra investigación de hoy".

"Esa es una buena idea", dijo Max. Ben entregó a Silvia y Max sus libretas de dibujos mientras caminaban hacia el arroyo y se sentaron junto al agua.

"Bien, Max. Dime, ¿qué deberíamos hacer primero?" preguntó Ben.
"¡Orar!" dijo Max.

"¡Bien! Por qué no nos diriges en oración, Max y luego estaremos listos para ir a Génesis 4".

De acuerdo, arqueólogo novato, ve a la página 195 y lee Génesis 4. Luego dibuja el evento principal en el cuadro a continuación y coloca el título para el evento sobre la línea debajo del cuadro.

Génesis 4

_____

¡Qué artístico! Ahora hagámoslo una vez más para Génesis 5. Lee Génesis 5, luego dibuja el evento principal en el cuadro debajo y dale un título.

Génesis 5

_____

¡Excelente! Ahora practica tu verso de memoria diciéndolo en voz alta tres veces hoy.

MÁS DIBUJOS

"Me gusta hacer estos dibujos, Max. Quizás sea una artista de excavación como Ben cuando termine la escuela".

"Eso sería genial, Silvia. ¡Tus dibujos son realmente buenos!"

"Gracias, Max. Mejor nos damos prisa. Ben nos estará esperando en el arroyo y no puedo esperar para comenzar Génesis 6".

"Está bien, Silvia. Déjame encontrar la correa de Chispa. Ay no, ¿dónde está Chispa?"

"¡Oh no, Max! No me digas que anda suelto. No hay manera de saber en qué se meterá esta vez".

"¿Por qué no vas hacia el arroyo, Silvia y le dices a Ben que estaré ahí en unos pocos minutos? Saldré a revisar la tienda comedor. Probablemente Chispa está rogándole al sr. Antonio por algo de tocino. ¡Tú sabes que a Chispa le encanta el tocino!"

"Está bien, Max. Nos vemos en un rato".

"Hola, Ben", dijo Silvia.

"Hola, Silvia. ¿Dónde están Max y Chispa?"

"Chispa anda suelto de nuevo. Max lo atrapará tan pronto como lo encuentre".

"Está bien, Silvia. Pasemos un rato con nuestro 'jefe de excavación' y luego podemos empezar con Génesis 6".

Ve a la página 201 de tu Registro de Observaciones y lee Génesis 6. Después que termines de leer, dibuja el evento principal en el cuadro. Crea un título y colócalo en la línea debajo.

Génesis 6

Ahora hagamos lo mismo leyendo Génesis 7 y dibujándolo en el cuadro de abajo. Luego agrega un título.

Génesis 7

¡Magnífico! Oh no, abre paso. Aquí vienen Max y Chispa. "Agárrate bien, Max" gritó Silvia. "¡Cuidado! Se dirige al arroyo". ¡SPLASH! La advertencia de Silvia llegó justo cuando Chispa se soltó y cayó en el agua.

"Deja de reírte, Silvia. ¡Tú también, Ben! Ayúdenme a sacar este perro loco del agua. ¡Chispa, estás en grandes problemas!"

Por qué no le ayudas a Max, Silvia y Ben a engañar a Chispa para que salga del agua y nos veremos de regreso en el campamento. ¡No olvides practicar tu verso de memoria!

DE REGRESO A LA LIBRETA DE DIBUJO

"¡Deja de reírte, Silvia! Eso no fue gracioso".

"Pero lo fue, Max. Debiste haberte visto tratando de agarrarte de la correa de Chispa con todas tus fuerzas y a Chispa volando sobre la tierra a toda velocidad. Fue divertidísimo. Simplemente no puedo olvidarlo".

"¿Te gustaría estar en el otro extremo de la correa? Dejaré que tomes a Chispa en su siguiente visita al arroyo".

"Ni de locos, Max. Recuerda que es tu perro".

"Bueno, chicos", dijo Ben riéndose. "Será mejor que trabajemos. Solo nos quedan cuatro dibujos más".

¿Qué sigue ahora, arqueólogo novato? ¿Cuál es la primera cosa que necesitamos hacer? O __ __ r. Bien por ti. Lo tienes.

Ve a tu Registro de Observaciones y lee Génesis 8.

Dibuja el evento principal de Génesis 8 a continuación y luego agrega un título.

Génesis 8

Ahora lee Génesis 9 y dibuja el evento principal y escribe un título.

Génesis 9

¡Excelente! Persiste ¡solo quedan dos dibujos más y estaremos listos para excavar!

Los Dibujos Finales

"Buenos días, chicos", dijo el tío Jaime. "Ben me dijo que los dibujos están casi listos. Una vez que estén terminados, estaremos listos para comenzar a cavar".

"Solo nos quedan dos dibujos más tío Jaime", dijo Silvia.

De acuerdo, arqueólogo novato, ¿estás listo para nuestro último día de dibujar el panorama? Después que hayas pasado un poco de tiempo con el "jefe de excavación", lee Génesis 10. Dibuja el evento principal en el cuadro y dale un título al capítulo.

Génesis 10

Ahora un capítulo más y nuestros dibujos estarán completos. Lee Génesis 11. Dibuja tu último boceto y dale un título.

Génesis 11

¡Excelente trabajo! ¡El tío Jaime está impresionado! Quizás quieras ser el artista de una excavación algún día.

Ahora antes de dirigirnos a la fogata, necesitamos que veas todo lo que hemos descubierto esta semana.

Repasemos Génesis 1-11. ¿Sabías que podemos dividir estos 11 capítulos para mostrar cuatro diferentes eventos que son muy importantes? Veamos si podemos descubrir CUÁLES son esos eventos al revisar nuestros dibujos.

¿CUÁL es el evento principal en Génesis capítulos 1 y 2?

(Hicimos esto en Génesis Parte Uno).

La C ___ ___ ___ ___ ___ ___ n

¿CUÁL es el evento que vemos en Génesis capítulos 3-5 cuando Adán y Eva desobedecieron a Dios y el pecado entró al mundo? Descifra la palabra en el paréntesis y colócala en los espacios en blanco. La ___ ___ ___ ___ ___ del hombre (diaca).

¿CUÁL es el evento en Génesis 6-9? El d ___ ___ ___ ___ ___ o

¿CUÁL es el evento en Génesis capítulos 10-11? Descifra la palabra en el paréntesis y colócala en los espacios en blanco.
Las n ___ c ___ ___ ___ ___ s (nesanico).

¿No es eso asombroso? Has descubierto los cuatro principales eventos que ocurren en Génesis 1-11. Esta es una gran manera de recordar lo que ocurre en la primera parte del Libro de Génesis.

Ahora hay algunos gestos y movimientos que te ayudan a recordar estos cuatro eventos. Toma tu mano y ponla debajo de tu barbilla y habla. Esto representa la Creación porque Dios la creó al hablar y fue hecha.

Ahora actúa como si te fueras a tropezar mientras caminas. Esto representa la caída del hombre.

Tercero, toma tus manos y pretende que las aguas están subiendo. Mueve tus manos hacia arriba despacio y levántalas sobre tu cabeza diciendo: "Glub, glub, glub". Esto representa el diluvio.

Y para la última parte de Génesis 1-11, saca tu mano izquierda a la altura de tu pecho y ponla a un costado con la palma hacia arriba, y di "Sem". Haz lo mismo con tu mano derecha y di "Cam". Asiente con la cabeza hacia adelante y di "Jafet". Estas son las naciones.

Ahora practica esto hasta que puedas decir los cuatro eventos de memoria:

Génesis 1-2 Creación,

Génesis 3-5 La Caída,

¡Glub!
¡Glub!

Génesis 6-9 El Diluvio,

Génesis 10-11 Las Naciones.

Luego muéstrale a un amigo o a un adulto. Y no olvides decirle tu verso de memoria a alguien en esta semana también.

2

CAVANDO EN LA FOSA

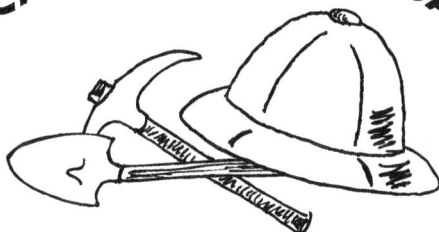

GÉNESIS 3

Ahora que nuestros dibujos están terminados y tenemos un panorama de lo que ocurre en Génesis 1-11, es tiempo de que regresemos al hoyo de tierra. Coge tus palas, picos y cepillos, junto con un sombrero para proteger tu rostro del sol y nos veremos en la fosa.

PRIMER DÍA

EXCAVANDO UN CUADRADO

"Bien, chicos, veamos el plano que Ben, Max y Silvia han dibujado para nosotros", exclamó el tío Jaime, a medida que el equipo de excavación se reunió alrededor de la fosa. "William los dividirá en grupos de dos y de tres y luego él asignará a cada grupo un cuadrado para excavar".

Ahora antes que empecemos, revisemos nuestra investigación. Sabemos en base a Génesis Parte Uno que Génesis 1 trata acerca de Dios creando el mundo y todo lo que está en él. Génesis 2 nos da más detalles respecto al sexto día de la Creación, cuando Dios creó al hombre.

Mientras William entrega nuestras tareas, necesitamos desenterrar la evidencia en Génesis 3, que nos dice si el mundo perfecto que Dios creó en Génesis 1 y 2, permaneció como un lugar perfecto y si no es así, qué sucedió para cambiarlo.

"¿Está todo el mundo listo?" preguntó el tío Jaime. "Bien. Comencemos con oración. William, ¿puedes dirigir al equipo en oración?"

Bien, arqueólogo novato, estamos listos para comenzar. Te ha sido asignado excavar el cuadro B3, así que toma tu pico de mano. Úsalo para ablandar la tierra. Comencemos desenterrando nuestras palabras clave.

¿Qué son las palabras clave? Son palabras que aparecen más de una vez. Son llamadas palabras clave porque ayudan a descifrar el significado del capítulo o del libro que estás estudiando y te dan pistas sobre qué es lo más importante en un pasaje de las Escrituras. ¿Recuerdas haber hecho esto en *Cómo Estudiar Tu Biblia para Niños*?

• Las palabras clave son usadas usualmente una y otra vez.

• Las palabras clave son importantes.

• Las palabras clave son usadas por el autor por una razón.

Una vez que descubras una palabra clave, tendrás que marcarla de una manera especial usando un color o símbolo en particular para que puedas identificarla inmediatamente en las Escrituras. Además necesitarás observar y ver si hay algún pronombre o sinónimo que corresponda a la palabra clave y marcarlo también. ¿Qué son los pronombres y sinónimos? Echa un vistazo a tus mapas.

MAPA DE PRONOMBRES

Los pronombres son palabras que toman el lugar de los sustantivos. Un sustantivo es una persona, lugar o una cosa. Un pronombre representa a un sustantivo. Aquí hay un ejemplo: "Silvia y Max hicieron una carrera hacia el sitio de excavación. Ellos no pueden esperar para comenzar". La palabra ellos es un pronombre porque reemplaza los nombres de Silvia y Max en la segunda oración. Es otra palabra que usamos para referirnos a Silvia y a Max.

Presta atención por otros pronombres cuando estés marcando palabras que se refieran a personas:

Yo	tú	él	ella
me	mi	te	ti
mío	tu tuyo	su	suyo

nosotros
nuestro

nos	ellos

MAPA DE SINÓNIMOS

Los sinónimos son palabras diferentes que significan lo mismo.

Por ejemplo, *bote de vela*, *yate* y *bote de remos* son diferentes palabras, pero todas son nombres de clases de botes. Estas palabras son sinónimas.

Ahora que sabes qué son las palabras clave, los pronombres y los sinónimos, ve a la página 189 de tu Registro de Observaciones de Génesis. Lee todo Génesis 2 para ponerte en contexto. Después que hayas leído Génesis 2, lee Génesis 3 y luego marca las siguientes palabras clave desde Génesis 2:15-3:24. Además marca cualquier referencia que te diga cuándo ocurrió algo con un reloj verde como este:

Dios (Señor Dios) (dibuja un triángulo morado y coloréalo de amarillo, no olvides los pronombres)

Hombre (Adán) (coloréalo de naranja)

Mujer (Eva, mujer) (coloréala de rosado)

Morir (dibuja una lápida negra y coloréala de café)

Serpiente (tridente rojo)

Comer (enciérralo en azul)

Árbol del conocimiento del bien y del mal (dibuja un árbol y pon un poco de frutos rojos en el árbol)

Maldito (dibuja un recuadro de naranja y coloréalo de café)

¡Esa fue una gran excavación! Antes que te dirijas a las duchas para refrescarte y lavarte toda esa suciedad y mugre, necesitamos que excaves los cuadros que hemos marcado en nuestra cuadrícula, para que encuentres tu verso para memorizar. Usa la pareja de letra/número debajo de cada espacio en blanco. Ve a la cuadrícula y encuentra la letra, como la letra A en el lado derecho de la cuadrícula, y luego avanza hasta que encuentres el número que corresponda a la letra A como el 4. Encuentra la letra en el cuadro que corresponde a A4 y escríbela en el espacio en blanco. Haz lo mismo para cada espacio en blanco, hasta que hayas descubierto tu verso de la semana. Hemos hecho la primera para ti.

$\overset{Y}{\overline{A2}}$ $\overline{}$ $\overline{A5}$ $\overline{A3}$ $\overline{E5}$ $\overline{A5}$ $\overline{D3}$ $\overline{D1}$ $\overline{B2}$ $\overline{D5}$ $\overline{B4}$ $\overline{D1}$ $\overline{E5}$

$\overline{D1}$ $\overline{B2}$ $\overline{D5}$ $\overline{A5}$ $\overline{E2}$ $\overline{D1}$ $\overline{B3}$ $\overline{A3}$ $\overline{C3}$ $\overline{D1}$ $\overline{B1}$ $\overline{D4}$ $\overline{B2}$ $\overline{A5}$:

" $\overline{D5}$ $\overline{A5}$ $\overline{C4}$ $\overline{D1}$ $\overline{D5}$ $\overline{D1}$ $\overline{B3}$ $\overline{B2}$ $\overline{D4}$ $\overline{D1}$ $\overline{A3}$ $\overline{D5}$ $\overline{A5}$ $\overline{A3}$

$\overline{C3}$ $\overline{E3}$ $\overline{A5}$ $\overline{B2}$ $\overline{C4}$ $\overline{D1}$ $\overline{A4}$ $\overline{D1}$ $\overline{D5}$ $\overline{B2}$ $\overline{B3}$ $\overline{E5}$ $\overline{C2}$ $\overline{D1}$ $\overline{B1}$ $\overline{A5}$ $\overline{B2}$ '

$\overline{A4}$ $\overline{A5}$ $\overline{B2}$ $\overline{D1}$ $\overline{D5}$ $\overline{A5}$ $\overline{A3}$ $\overline{B3}$ $\overline{B2}$ $\overline{D4}$ $\overline{D1}$ $\overline{A3}$ $\overline{D5}$ $\overline{A5}$ $\overline{A3}$

$\overline{C2}$ $\overline{D1}$ $\overline{E2}$ $\overline{D1}$ $\overline{C2}$ $\overline{B4}$ $\overline{B1}$ $\overline{B4}$ $\overline{A5}$ $\overline{E2}$ $\overline{C4}$ $\overline{D1}$ $\overline{D5}$ $\overline{A5}$ $\overline{A3}$

$\overline{D4}$ $\overline{B4}$ $\overline{A5}$ $\overline{E2}$ $\overline{A2}$ $\overline{D5}$ $\overline{A5}$ $\overline{A3}$ $\overline{B1}$ $\overline{B3}$ $\overline{A3}$

$\overline{E2}$ $\overline{D1}$ $\overline{C2}$ $\overline{D1}$ $\overline{B1}$ $\overline{A5}$ $\overline{B2}$ $\overline{B3}$ $\overline{E5}$ ' $\overline{A4}$ $\overline{D1}$ $\overline{B2}$ $\overline{E1}$ $\overline{E3}$ $\overline{A5}$

$\overline{A5}$ $\overline{A3}$ $\overline{D5}$ $\overline{B4}$ $\overline{B3}$ $\overline{E1}$ $\overline{E3}$ $\overline{A5}$ $\overline{D5}$ $\overline{A5}$ $\overline{A5}$ $\overline{A3}$

$\overline{C2}$ $\overline{D1}$ $\overline{B1}$ $\overline{B3}$ $\overline{E5}$ ' $\overline{C2}$ $\overline{B4}$ $\overline{A5}$ $\overline{B2}$ $\overline{C4}$ $\overline{B3}$ $\overline{B1}$ $\overline{A5}$ $\overline{E2}$ $\overline{C4}$ $\overline{A5}$

$\overline{B1}$ $\overline{D1}$ $\overline{B2}$ $\overline{B4}$ $\overline{B2}$ $\overline{B3}$ $\overline{E5}$ ".

($\overline{}$ $\overline{}$ $\overline{}$ $\overline{}$ $\overline{}$ $\overline{}$ 2: $\overline{}$ - $\overline{}$)
$\overline{A1}$ $\overline{A5}$ $\overline{E2}$ $\overline{A5}$ $\overline{E5}$ $\overline{B4}$ $\overline{E5}$

Ahora escríbelo y dilo en voz alta tres veces. Dilo en voz alta en la mañana, en la tarde y en la noche.

EXAMINANDO LA EVIDENCIA

"¡Mira, Max! Mira a Chispa por allá en la fosa", dijo Silvia riéndose.

"¿Qué está haciendo?" respondió intrigado Max.

"Parece que está tras una pista", susurró Silvia. "Quizás necesitamos ir a revisarlo".

"Shhh, Silvia", susurró Max. "Trataré de acercarme sigilosamente a él, para ver lo que ha descubierto. Quédate aquí y prepárate en caso que él decida huir con la pista".

"¡Ajá! ¡Te tengo!" dijo Max mientras se reía. "¿Qué tienes en la boca? ¿Qué haz desenterrado esta vez, cachorro travieso?"

Silvia y el tío Jaime corrieron hacia Max y Chispa para ver el más reciente descubrimiento de Chispa.

"Válgame", dijo el tío Jaime al acomodar su sombrero hacia atrás y agacharse para ver el hallazgo de Chispa. "Chispa ha capturado una lagartija.

Nunca he visto a un perro que pueda capturar lagartijas, pero nada que hagas debería sorprenderme. Ven acá, chico. Deja ir a la lagartija y vamos para darte un premio. Luego necesitamos empezar examinando la evidencia que hemos descubierto, al desenterrar nuestras palabras clave. Necesitamos hacer algunas preguntas".

Los arqueólogos hacen bastantes preguntas para ayudarse a entender qué ocurrió en el pasado. Vamos a practicar esta habilidad haciendo las seis preguntas básicas. ¿Cuáles son las seis preguntas básicas? Son las preguntas QUÉ, QUIÉN, CÓMO, CUÁNDO, DÓNDE y POR QUÉ.

1. QUIÉN te ayuda a averiguar:
   ¿QUIÉN escribió esto?
   ¿A QUIÉN fue escrito?
   ¿Sobre QUIÉNES estamos leyendo?
   ¿QUIÉN dijo esto o aquello?

2. Pregunta QUÉ te ayuda a entender:
   ¿De QUÉ está hablando el autor?
   ¿CUÁLES son las principales cosas que suceden?

3. DÓNDE te ayuda a aprender:
   ¿DÓNDE ocurrió algo?
   ¿ADÓNDE fueron tales personas?
   ¿En DÓNDE fue dicho esto?
   Cuando descubrimos un "dónde", lo subrayamos con doble línea de color verde.

4. CUÁNDO nos habla sobre el tiempo. Lo marcamos con un reloj verde como este:
   CUÁNDO nos indica:
   ¿CUÁNDO sucedió este evento? O ¿cuándo sucederá?
   ¿CUÁNDO hicieron algo los personajes principales? Es útil seguirle la pista al orden de los eventos, lo cual es muy importante para un arqueólogo.

5. POR QUÉ hace preguntas como:
   ¿POR QUÉ él dijo eso?
   ¿POR QUÉ ocurrió esto?
   ¿POR QUÉ fueron ellos a ese lugar?

6. CÓMO te deja averiguar cosas tales como:
   ¿CÓMO se debe hacer algo?
   ¿CÓMO supo la gente que algo había sucedido?

Así que comencemos haciendo preguntas al examinar la excavación. Ve a tu Registro de Observaciones de Génesis 2:15-3:24. Lee Génesis 2:15-25 y responde las siguientes preguntas.

Génesis 2:16-17 ¿QUÉ le dijo Dios al hombre acerca de comer de los árboles en el huerto del Edén?

_____

Génesis 2:17 ¿QUÉ pasaría con el hombre si él quebrantaba el mandamiento de Dios y comía del árbol del conocimiento del bien y del mal?

_____

Hasta este punto, ¿ha muerto alguien o algo desde que Dios creó al mundo? ____ Sí ____No

No, vemos que Dios creó un mundo perfecto y todo en ello era muy bueno. Al finalizar Génesis 2 el mundo es todavía un lugar perfecto. Leamos Génesis 3 y veamos qué ocurre a continuación.

Génesis 3:1 ¿QUIÉN se dirige a Eva en el huerto?

_____

Génesis 3:1 ¿CUÁL fue la pregunta de la serpiente a Eva?

_____

_____

Génesis 3:2-3 ¿Responde Eva a la serpiente?
___ Sí ___ No

Génesis 3:4-5 ¿CUÁL fue la declaración de la serpiente a Eva? "Ciertamente ____ _____".

¿Dijo Dios que ellos morirían en Génesis 2:17?
___ Sí ___ No

Entonces, ¿contradice la serpiente lo que dijo Dios? (*Contradecir significa negar o decir lo opuesto de lo que se ha dicho*). ___ Sí ___ No

Génesis 3:6 ¿QUÉ hizo la mujer?

_____

¿A QUIÉN creyó la mujer: a Dios o a la serpiente?

_____

¿Honraron y obedecieron Adán y Eva el mandamiento de Dios en Génesis 2:16-17? ___ Sí ___ No

Si tu respuesta es no, entonces ¿qué hicieron Adán y Eva? Descifra la respuesta en el paréntesis y completa los espacios en blanco. Ellos __ __ __ __ __ __ __ __ __ __ __ __ __ __ a Dios (redebosciedeno).

¿QUÉ hay de ti? ¿Honras y obedeces lo que Dios dice que deberías hacer en Su Palabra?__ Sí __ No

¿QUÉ tal obedecer a tus padres? ¿Haces las cosas que ellos te dicen que hagas?   __ Sí __ No

¿Eres obediente o desobediente?_____

¿A QUÉ llamas desobediencia, lo sabes? Al continuar cavando más profundo en esta semana, desenterraremos la evidencia que nos muestra exactamente qué es la desobediencia y cómo nos afecta.

¿Has practicado decir en voz alta tu verso de memoria? Buen trabajo. En ese caso salgamos de la fosa y vayamos a la tienda comedor por algo rico de comer. Cavar nos pone hambrientos. ¿Y a ti?

CAVANDO MÁS PROFUNDO

¡Buenos días, arqueólogo novato! ¿Estás listo para descender a la fosa y raspar fuera la tierra para que podamos desenterrar más pistas en Génesis 3? Necesitamos estar seguros que podemos desenterrar la evidencia que nos muestra QUIÉN es la serpiente.

Para examinar más de cerca a la serpiente y descubrir su identidad, necesitamos leer Génesis 3. Hagamos una lista de lo que vemos sobre la serpiente.

La Serpiente:

Génesis 3:1 La serpiente era _____

Génesis 3:13 "La serpiente me _____".

Génesis 3:14 La serpiente fue m __ __ __ __ __ __.

Génesis 3:15 __ __ __ __ __ __ __ __ __ entre la serpiente y la mujer,

entre la _____ de la mujer y su _____.

Ahora hagamos algunas referencias cruzadas. ¿QUÉ es una referencia cruzada? Estas son cuando comparamos Escritura con Escritura al revisar otros pasajes en la Biblia. Esta es una herramienta de estudio bíblico muy importante que podemos usar al buscar el significado de una Escritura, pues sabemos que la Escritura nunca contradice a la Escritura.

Así que empecemos leyendo Apocalipsis 12:9, el cual está impreso a continuación:

> *Y fue arrojado el gran dragón, la serpiente antigua que se llama diablo y Satanás, el cual engaña al mundo entero. Fue arrojado a la tierra y sus ángeles fueron arrojados con él.*

Ahora ¿QUIÉN es el gran dragón? Escribe los tres nombres que nos indican QUIÉN es el gran dragón.

a. _____

b. _____

c. _____

Regresa al pasaje anterior de Apocalipsis 12:9 y marca cada referencia al gran dragón y cualquier pronombre y sinónimo que le correspondan, con un tridente rojo como este: ⅄

Entonces ¿QUIÉN es la serpiente?_____

Apocalipsis 12:9 ¿QUÉ hace la serpiente al mundo entero?

_____

¿QUÉ significa la palabra *engañar*? Búscala en un diccionario y escribe lo que significa. _____

_____

Busca y lee 2 Corintios 11:14. ¿CÓMO se disfraza Satanás a sí mismo? (*Disfrazar* significa cambiar tu apariencia para que no seas reconocido. Quiere decir ocultar o esconder quién eres).

_____

Ahora busca y lee Juan 8:44.

¿CÓMO se describe a Satanás en el verso 44? ¿CUÁLES son los atributos de su carácter?

Él fue un _____ desde el principio.

Él no se ha _____ en la verdad.

No hay _____ en él.

Él es _____ y el _____ de la

_____ .

Revisemos lo que sucedió con Eva. ¿Vemos estas características de Satanás en su encuentro con Eva?

¿CÓMO se acerca Satanás a Eva? ¿Acaso se acerca directamente y dice: "Eva, no escuches a Dios; Él te está mintiendo"? ¿O él es astuto, iniciando una conversación amistosa y sutilmente introduciendo una pregunta?

_____

Génesis 3:1 ¿CUÁL es la pregunta que Satanás le hace a Eva?

_____

¿Es Satanás un mentiroso? Mira lo que Satanás le dice a Eva en Génesis 3:4 y observa si Satanás contradice (niega) lo que Dios dijo en Génesis 2:17.

Génesis 3:4 ¿QUÉ dice Satanás?

_____

Génesis 2:17 ¿QUÉ dijo Dios?

_____

¿Están de acuerdo las palabras de Satanás con las palabras de Dios?
___ Sí ___ No

¿Es Satanás mentiroso?   ___ Sí ___ No

Mira Génesis 3:5 ¿QUÉ aspecto positivo le hace pensar Satanás a Eva que a ella le falta?

_____

¿Es Satanás un engañador?   ___ Sí ___ No

Ahora que hemos desenterrado la evidencia sobre quién es Satanás y cómo opera, necesitamos ser cuidadosos para que no seamos engañados por él.

¿Alguna vez has dudado algo que Dios afirma en Su Palabra como cierto?   ___ Sí ___ No

¿Hay momentos en que piensas que Dios está evitando algo bueno para ti?   ___ Sí ___ No

¿Alguna vez has sido engañado para creer que algo era bueno, para luego descubrir que no lo era?
___ Sí ___ No

Si respondiste que sí a cualquiera de estas preguntas, entonces has caído en las mentiras de Satanás y le has permitido engañarte.

Para evitar caer en la trampa de Satanás, necesitamos recordar tres cosas:

1. QUIÉN es Dios. Necesitamos conocer Su carácter y Su bondad.

2. QUÉ dice la Palabra de Dios. Es justo lo que estás haciendo ahora, al hacer estos estudios bíblicos y aprendiendo la Palabra de Dios. Conocer la Palabra de Dios evitará que seas engañado por Satanás y por las cosas que el mundo nos dice que están bien, pero no se alínean con lo que la Palabra de Dios dice.

3. No DUDES del criterio de Dios. Debemos confiar que Dios sabe qué es mejor para nosotros en todo tiempo, incluso cuando no nos parece bueno. Debemos confiar en Él. Nosotros andamos por fe en Dios, en quién Él es y no por cómo se ven las cosas.

¡Genial! Salgamos de la fosa. Mañana descubriremos más sobre la desobediencia de Adán y Eva.

BUSCANDO PISTAS

"Oye, Max", exclamó Silvia, "¿estás listo para regresar a la fosa?"

"Claro que sí. El tío Jaime cree que estamos muy cerca de un hallazgo. Raspamos mucha tierra ayer y él está seguro que descubriremos algo pronto".

Así que arqueólogo novato, toma ese pico y espátula y regresa a la fosa. Continuemos desenterrando la verdad de lo que ocurrió en el huerto de Edén.

Hemos descubierto al marcar palabras clave y haciendo las seis preguntas básicas, que Adán y Eva desobedecieron a Dios.

¿Sabes QUÉ es la desobediencia? ¿CÓMO le llamarías tú? Descifra la palabra en el paréntesis y ubícala en los espacios en blanco.

___ ___ ___ ___ ___ ___ (cepoda)

¿QUÉ es el pecado? ¿CÓMO podemos averiguarlo? Para empezar, podemos hacer un estudio de palabras para *pecado*. Un estudio de palabras es donde buscas la palabra que estás estudiando en el idioma original en el que fue escrito. ¿Sabías que el Antiguo Testamento (donde se ubica Génesis) fue escrito principalmente en hebreo con algo de arameo? Y el Nuevo Testamento fue escrito en griego Koiné. Así que al examinar tanto las palabras en hebreo (Antiguo Testamento) como en griego (Nuevo Testamento) para pecado, podremos entender mejor sobre qué significa la palabra *pecado*. Revisa las notas de campo de Max y Silvia abajo, para descubrir las palabras hebreas y griegas para pecado y sus significados.

> La palabra hebrea para pecado es *jatta't*, que significa "errar al blanco, el camino" o "fallar, equivocarse".
>
> La palabra griega para *pecado* es *jamartano*, que significa "errar el blanco, error".

De lo que hemos estudiado en Génesis 1-3, ¿dio una orden Dios a Adán y Eva? ¿Les puso Dios un estándar para ellos?
___ Sí ___ No

¿CUÁL fue la orden? Escríbela a continuación.

_____

_____

¿Fallaron Adán y Eva, erraron al blanco, fracasaron?
___ Sí ___ No

Entonces, según las definiciones hebreas y griegas, ¿dirías que Adán y Eva pecaron cuando ellos desobedecieron a Dios? ___ Sí ___ No

Ahora profundicemos un poco más y veamos qué podemos aprender sobre el pecado. Hagamos algunas referencias cruzadas y veamos qué dice la Biblia que es el pecado.

Busca y lee 1 Juan 3:4. Según 1 Juan 3:4, ¿QUÉ es el pecado?

_____

Busca y lee 1 Juan 5:17. ¿QUÉ dice este verso que es el pecado?

_____

Lee Santiago 4:17. ¿QUÉ es el pecado?

_____

Lee Romanos 14:23. ¿QUÉ es el pecado?

_____

Ahora vayamos verso por verso. Vemos de las Escrituras lo siguiente: el pecado es infringir la ley.

¿Quebrantaron Adán y Eva la ley de Dios?   ___ Sí ___ No

El pecado es injusticia. La injusticia es no hacer lo que Dios dice que es correcto. Es hacer lo que Dios dice que es incorrecto.

¿Hicieron Adán y Eva algo que Dios dijo que era incorrecto? ___ Sí ___ No

El pecado es también saber hacer lo bueno y no hacerlo.

¿Sabían Adán y Eva hacer lo bueno? ___ Sí ___ No

¿Hicieron lo bueno?   ___ Sí ___ No

El pecado es cualquier cosa que no proceda de la fe. La fe es creer a Dios y confiar en Su Palabra.

¿Creyeron Adán y Eva lo que Dios les dijo o le creyeron a alguien más? ¿Confiaron en Su Palabra?

_____

Entonces ¿QUÉ ocasiona que pequemos? ¿De DÓNDE proviene el pecado? Veamos la raíz del pecado. Busca y lee Isaías 53:6.

¿De QUÉ manera somos como las ovejas?

Nos _____ .

Nos _____ cada cual por su _____

_____ .

Este verso nos muestra que la raíz de todo pecado comienza en nosotros. Es cuando hacemos lo que deseamos hacer, en lugar de lo que Dios desea que hagamos. Así como las ovejas, cada uno de nosotros se aparta en su propio camino.

Adán y Eva escogieron hacer lo que quisieron, lo que creyeron que era correcto, en lugar de hacer lo que Dios les dijo que era correcto. ¿QUÉ les hizo hacer esto? Descubriremos más mañana al continuar examinando las pistas que hemos desenterrado en Génesis 3. Estás haciendo un gran trabajo al descubrir las capas una a la vez. ¡Sigue así!

LEYENDO EL MAPA

"Mmm, eso estuvo bueno, ¿verdad, Chispa?" preguntó Max, dando palmaditas en la cabeza de Chispa. El tío Jaime llegó y se sentó junto a Silvia.

"Pensé que a ustedes les gustaría un pequeño descanso de la fosa hoy. ¿Por qué no empacan el almuerzo y llevan a Chispa a una expedición? Pueden explorar algunas de las áreas que no han visto aún. ¿Qué tal les parece eso?"

"¡Fantástico!" dijeron Max y Silvia al unísono.

"Bien. Aquí hay un mapa. Marqué sus límites aquí, en rojo. No se vayan más allá de estos límites. Y otra cosa", advirtió el tío Jaime, "¡no entren a ninguna cueva! Las cuevas pueden ser muy peligrosas. Tomen su mapa y su brújula, manténganse juntos y ¿dónde no deben entrar?"

"A ninguna cueva", respondió Max impaciente. "Entendemos, tío Jaime. Vamos a empacar nuestro almuerzo, Silvia".

Suena divertido, ¿verdad? Al salir junto a Max y Silvia, pensemos sobre todo lo que hemos descubierto en la fosa en esta semana.

Las pistas que hemos descubierto nos han mostrado quién es la serpiente, cómo opera y qué es el pecado.

Pero ¿QUÉ llevó a Adán y Eva a pecar? Sabemos que la raíz del pecado es apartarse por nuestro propio camino. Pero Adán y Eva vivieron en un mundo perfecto y tenían una maravillosa relación con Dios. ¿POR QUÉ escogerían su propio camino por encima del de Dios? ¿Qué ocurrió?

Vamos a descubrirlo. Pasemos algo de tiempo con el "jefe de excavación" y luego volvamos a Génesis 3 en la página 192, donde Eva y la serpiente. Lee Génesis 3:1-5 para ubicarte en contexto. Ahora lee el verso 6 y mira las acciones de Eva. ¿Qué hace ella? Encierra los verbos de acción que muestran QUÉ hace Eva en el verso 6.

Asegúrate de saber qué es un verbo de acción, revisa el mapa de verbos de Max y Silvia a continuación.

MAPA DE VERBOS

¿Sabías que cada oración tiene un verbo? Un verbo es una palabra que usualmente muestra una acción. Pero un verbo también puede mostrar un estado de ser, puede ayudar a otro verbo y a veces puede conectar una palabra en el predicado con el sujeto en una oración.

Veamos un verbo de acción. Un verbo de acción indica qué está haciendo la persona o cosa en la oración, como "Chispa cava muchos hoyos".

Cavar es el verbo de acción en la oración porque muestra qué hace Chispa.

Ahora encierra los verbos de acción en Génesis 3:6 en la página 192.

¿QUÉ tres cosas llevaron a Eva a comer del fruto?
a. Eva ___ ___ ___.

b. Ella ___ ___ ___ ___.

c. Ella ___.

Después que Eva comió el fruto, ella hizo otra acción.
¿CUÁL fue?
Ella _____ a su marido.

¿Y QUÉ hizo su marido? Él _____.

Génesis 3:7 ¿Y QUÉ sucedió después que comieron del fruto?

_____

Entonces ¿POR QUÉ Adán y Eva harían lo que Dios dijo que estaba mal? ¿Qué hizo Satanás para llevar a Eva a pecar? Sabemos que él la engañó, pero él también hizo algo más. Satanás tentó a Eva a hacer lo que Dios le dijo que no hiciera.

¿QUÉ es la tentación? Vamos a averiguarlo. Primero revisemos las notas de campo de Max y Silvia para descubrir las palabras hebrea y griega para *tentación*.

La palabra hebrea para *tentación* es *nasá* y significa "probar, intentar, hacer la prueba".

La palabra griega *peirasmós* significa "tentar, atraer, hacer caer en una trampa".

Ahora hagamos algunas referencias cruzadas que nos digan más sobre la tentación y el ser tentado.

Busca y lee Santiago 1:13-15.

Santiago 1:13 ¿Tienta Dios a alguien?

_____

Santiago 1:14 ¿CÓMO eres tentado?

_____

Santiago 1:15 ¿A QUÉ da luz la pasión?

_____

Santiago 1:15 ¿QUÉ engendra el pecado?

_____

¿Tentó Dios a Eva?   __ Sí __ No

Santiago nos muestra muy claramente que ser tentado no viene de Dios. Dios no tienta a nadie. La tentación viene al dejarse llevar y ser seducido por nuestra propia pasión (nuestros deseos).

Vamos a comparar lo QUE ocurrió con Eva con lo QUE le pasa a un hombre llamado Acán en el libro de Josué del Antiguo Testamento. En Josué 6 vemos la caída de Jericó y las instrucciones de Dios para tomar el botín de guerra. Busca y lee Josué 6:15-19.

Josué 6:17 ¿CUÁL fue la orden de Dios para los hijos de Israel sobre la ciudad, Jericó, cuando la conquistaron?

_____

Josué 6:18 ¿QUÉ pasaría si ellos tomaban cualquier cosa del anatema?

_____

_____

Ahora lee Josué 7:1-26.

Josué 7:1 ¿QUÉ hizo Acán?

_____

¿CÓMO se sintió Dios respecto a esto?

_____

Josué 7:20-21 ¿CUÁLES fueron las tres acciones que Acán dijo que hizo?
a. Acán _____ un hermoso manto, 200 siclos de plata y una barra de oro de 50 siclos de peso.

b. Acán los _____ .

c. Acán los _____ .

Josué 7:20 ¿QUÉ dijo Acán sobre sus acciones?
"En verdad, he_____ ".

¿Se parece lo QUE hizo Acán a lo que hizo Eva?

_____

¿Notaste que tanto en la situación de Acán como en la de Eva una acción llevó a la otra?

Primero ellos fueron tentados por lo que v _____ .

Se veía tan bien. Acán vio el hermoso manto y Eva vio que el fruto del árbol era agradable a los ojos. Ellos fueron tentados, seducidos y atraídos por lo que vieron.

¿QUÉ ocurrió luego? En Génesis 3:6 dice que la mujer v ___ ___ que el árbol era bueno para comer y que era agradable a los ojos y ¿QUÉ más era el árbol? _____ para alcanzar _____ .

Mira la segunda acción de Acán en Josué 7:21.

Él c ___ ___ ___ ___ ó. Eso significa que él deseó esas cosas, le atrajeron y las quería grandemente.

Así que vemos que Acán y Eva no solo miraron. Ellos continuaron mirando. Ellos se enfocaron en lo que Dios les dijo que era prohibido. Entonces ¿a QUÉ llevó el estar continuamente viendo lo prohibido?

¿CUÁL fue la siguiente acción de Acán y Eva? Ellos t ___ ___ ___ ___ ___ n.

Entonces ¿cuándo pecaron Acán y Eva? ¿Sucedió cuando ellos vieron o cuando ellos lo tomaron?

_____

¿POR QUÉ crees eso?

_____

_____

¿Entonces es pecado ser tentado? ¡De ninguna manera! La tentación es una carnada, una seducción que viene del interior. Cuando un pescador quiere atrapar a un pez, ¿acaso mete al agua un anzuelo vacío? No, un pescador piensa sobre qué clase de pez quiere atrapar y luego coloca una carnada en su anzuelo para atraer ese pez. Él escoge la carnada que el pez no podrá resistir. Él la coloca en el anzuelo y lo arroja en el agua para hacer que el pez muerda el anzuelo. Una vez que el pez cede a la tentación y muerde el anzuelo, ¡queda atrapado!

Satanás hace lo mismo con nosotros. Él nos atrae con las cosas que pensamos que debemos tener: películas que queremos ver y lugares que queremos visitar. Él nos atrae con nuestros deseos. El pecado ocurre cuando nos dejamos llevar por nuestra propia pasión (deseos) y escogemos lo que queremos hacer por encima de lo que Dios dice que es correcto. El pecado ocurre cuando actuamos, cuando hacemos lo malo. Adán y Eva no pecaron al ser tentados sino al ceder a la tentación y desobedeciendo a Dios.

Todos nosotros tendremos tentaciones, pero el pecado es una decisión que tomamos. Una de las cosas más importantes que necesitamos recordar es lo que descubrimos en Santiago 1:13: Dios no tienta a nadie. Dios puede permitir que seas tentado, pero Él aborrece el pecado y jamás tienta a nadie.

Por cierto, ¿sabes cómo lidiar con las tentaciones para que no peques? Descubriremos lo que la Palabra de Dios nos dice sobre cómo lidiar con las tentaciones la próxima semana.

¿Recordaste decir tu verso para memorizar a un amigo o a un adulto? ¿Por qué no lo haces ahora? Una de las mejores armas que tenemos para estar firmes contra las tentaciones es conocer la Palabra de Dios.

3

¡VAMOS A EXPLORAR!

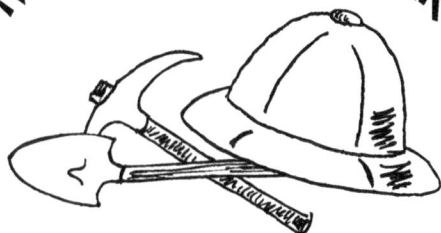

GÉNESIS 3

La semana pasada comenzamos cuidadosamente a excavar la evidencia de lo que ocurrió en el huerto de Edén para cambiarlo del lugar perfecto que Dios había creado. Al continuar explorando Génesis 3, necesitamos descubrir qué ocurrió luego. ¿QUÉ hicieron Adán y Eva? ¿CUÁLES fueron las consecuencias del pecado?

Pero antes que empecemos a buscar evidencia nueva, averigüemos cómo podemos manejar las tentaciones para que no pequemos.

PRIMER DÍA

UN DESCUBRIMIENTO NUEVO

"¡Oye, Max!" gritó Silvia. "¡Mira eso!"

"¡Vaya!" Max se quedó maravillado ante la abertura en el lado de la montaña. "Una cueva real. No puedo creer que de hecho hayamos encontrado una cueva real". Max se dirigió hacia el costado de la montaña, pasó su

mano por el muro y metió la cabeza en la hendidura, tratando de ver qué había dentro.

"¡No, Max!" exclamó Silvia. "Recuerda lo que dijo el tío Jaime: nada de cuevas".

"Lo sé, Silvia, lo sé. Pero ¿qué crees que hay ahí dentro?" preguntó Max mientras ojeaba la abertura. "Podría haber toda clase de cosas geniales ahí dentro".

"Sí, pero el tío Jaime dijo que podría ser muy peligroso", le recordó Silvia a Max.

"Bueno, no parece peligroso. Mira, es solo una gran abertura. Podríamos entrar un poco y echar un vistazo rápidamente".

"No creo que deberíamos, Max. El tío Jaime dijo: 'Nada de cuevas'".

"Está bien, Silvia. ¡No entraremos ya que eres una gallina!"

"¡No, no lo soy, Max!" Silvia estaba enojada ahora. "Solo tomaré a Chispa e iremos a explorar por el otro lado. Nos encontraremos aquí más o menos en cinco minutos".

"De acuerdo. Los veré a ti y a Chispa en cinco minutos".

Mientras Silvia y Chispa se dirigían hacia la esquina, Max echó otro vistazo a la cueva. "¿Qué podría pasar si tan solo entrara por un minuto?"

Bueno, arqueólogo novato, parece que Max ha corrido directo a una gran tentación. ¿Cómo la manejará? ¿Cómo manejarías tú las tentaciones cuando salgan a tu encuentro? Necesitamos descubrirlo. Usemos nuestro mapa (la Biblia) para descubrir cómo Dios nos dice que debemos manejar las tentaciones.

Busca las siguientes Escrituras y responde las preguntas para resolver el crucigrama en la página 47.

Lee Hebreos 4:14-16.

1. (Horizontal) ¿Quién fue tentado en todo como nosotros, pero no pecó?

———————————————————

¿No es eso asombroso? Jesús fue tentado así como nosotros, solo que Él no pecó. Esto debería animarnos a saber que no estamos solos. ¡Jesús sabe cómo nos sentimos porque Él fue tentado también!

[Crossword puzzle grid]

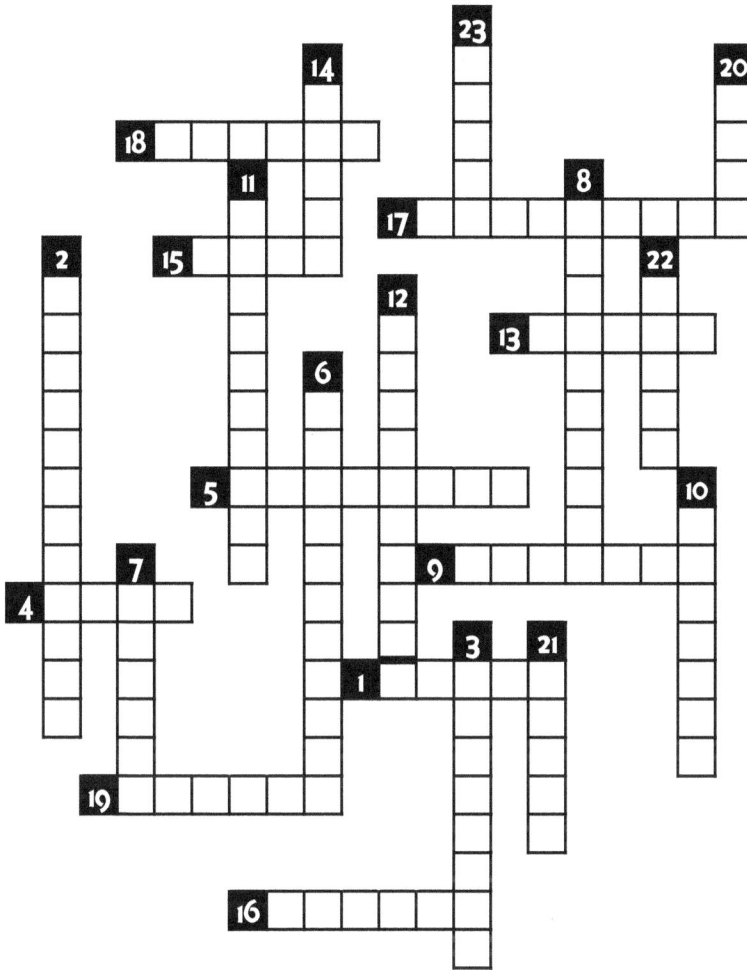

2. (Vertical) Hebreos 4:16 ¿Cómo encontramos misericordia y gracia en tiempo de necesidad?

   _____ con confianza al trono de la gracia, para que recibamos misericordia.

3. (Vertical) Hebreos 2:17-18 ¿Qué cosa es capaz Jesús de hacer?

4. (Horizontal) Mateo 26:41 ¿CÓMO evitas entrar en tentación? Velen y _____.

5. (Horizontal) Mateo 6:13 ¿CÓMO debemos orar? Ora de esta manera: "No nos metas en tentación, sino _____ del mal".

Busca y lee 1 Corintios 10:13. ¿QUÉ tres cosas nos promete Dios sobre las tentaciones?

6. (Vertical) Ninguna tentación les ha _____.

7. (Vertical) Dios proveerá la vía de _____.

8. (Vertical) a fin de que puedan _____.

9. (Horizontal) Salmos 119:11 ¿QUÉ evita que peques contra Dios? "En mi corazón he atesorado Tu _____".

10. (Vertical) 2 Corintios 10:3-5 ¿QUÉ debemos hacer con cada pensamiento? Llevarlo _____ a la obediencia de Cristo.

11. (Vertical) Filipenses 4:7-8 ¿QUÉ nos dice Dios que debemos hacer con nuestras mentes y corazones? _____ en Cristo Jesús.

Ahora escribe las cosas que Filipenses 4:8 nos dice que debemos meditar:

12. (Vertical) Todo lo que es _____

13. (Horizontal) Todo lo _____

14. (Vertical) Todo lo _____

15. (Horizontal) Todo lo _____

16. (Horizontal) Todo lo _____

17. (Horizontal) Todo lo _____, 18. (Horizontal) Si hay alguna _____ o algo que merece 19. (Horizontal) _____, en esto mediten.

2 Timoteo 2:22 ¿QUÉ debemos hacer?

20. (Vertical) _____ de las pasiones juveniles.

21. (Vertical) _____ la justica, la fe, el amor y la paz.

22. (Vertical) Gálatas 5:16 ¿CÓMO evitamos hacer las obras de la carne? _____ por el Espíritu.

23. (Vertical) Job 31:1 ¿QUÉ hizo Job con sus ojos? Él hizo un _____ con sus ojos.

¿QUÉ significa eso? Quiere decir que Job hizo un trato, un pacto, una promesa con sus ojos. Él sería cuidadoso con lo que mirara.

Job reconoció el peligro de ver: mirar puede llevar a actuar. Él escogió ser cuidadoso sobre qué miraba.

¿QUÉ hay de ti?

¿QUÉ libros y revistas lees? ¿QUÉ películas ves? ¿Y qué videojuegos juegas?

¿Eres cuidadoso con lo que miras?
___Sí ___No

¿Eres cuidadoso con los amigos que escoges para pasar el rato y los lugares a donde vas?
___Sí ___No

¿CÓMO sabes que una película, un libro o un lugar es correcto? Tómalo y mídelo con el estándar de Dios. Pásalo por Filipenses 4:8. Hazte la pregunta: ¿Es esta película, foto o video verdadero, digno, justo, puro, amable, honorable, hay alguna virtud en él o algo que merece elogio?

Si falla la prueba de Dios, entonces quizás necesitas hacer un pacto con tus ojos y no verlo. Recuerda, continuar mirando lo que Dios ha dicho que es prohibido, es la acción que llevó al pecado de Acán y Eva, y sus muertes.

Ahora examínate a ti mismo. Escribe una manera en que has sido tentado.

_____

_____

_____

¿Manejaste esta tentación a la manera de Dios o pecaste?

_____

_____

_____

¿CÓMO deberías manejar la tentación la próxima vez que suceda?

_____

_____

_____

Escribe una oración a Dios, pidiéndole que te proteja de las tentaciones, que venga a socorrerte y que te ayude a hacer un pacto con tus ojos.

_____

_____

_____

_____

_____

Recuerda, no estás solo. No tenemos que lidiar con las tentaciones por nuestra cuenta. Tenemos la Palabra de Dios. Eso es lo que Jesús usó cuando Satanás Lo tentó (Mateo 4:1-11). Dios nos ha dado Su promesa de que Él proveerá una vía de escape y nos ayudará a resistir la tentación. Necesitamos recordar que debemos correr a Él y pedirle Su ayuda.

¿QUÉ debes hacer con tus pasiones juveniles (2 Timoteo 2:22)? _____ de ellas.

No olvides eso cuando te encuentres con amigos que hacen lo malo o en un lugar donde no deberías estar. ¡Recuerda este verso y huye!

¡Esa fue una gran exploración de tu corazón! Ahora echemos un vistazo al mapa de Silvia y Max para descubrir tu verso para memorizar de la semana.

Cada palabra en el mapa de Silvia y Max está deletreada con una fuente diferente. Una fuente es un tipo de letra. Algunas de las letras en las palabras del mapa están subrayadas. Para descubrir tu verso de memoria, necesitas revisar la fuente de las letras que combinen con los espacios en blanco debajo del mapa. Luego ve al mapa y encuentra la fuente en las palabras en el mapa que combinen con ellas. Coloca las letras subrayadas de la fuente que combine con la fuente de los espacios en blanco para formar una nueva palabra.

Una vez que hayas combinado todas las fuentes, habrás revelado el verso de esta semana. Escríbelo en una tarjeta y luego dilo en voz en alta tres veces cada día.

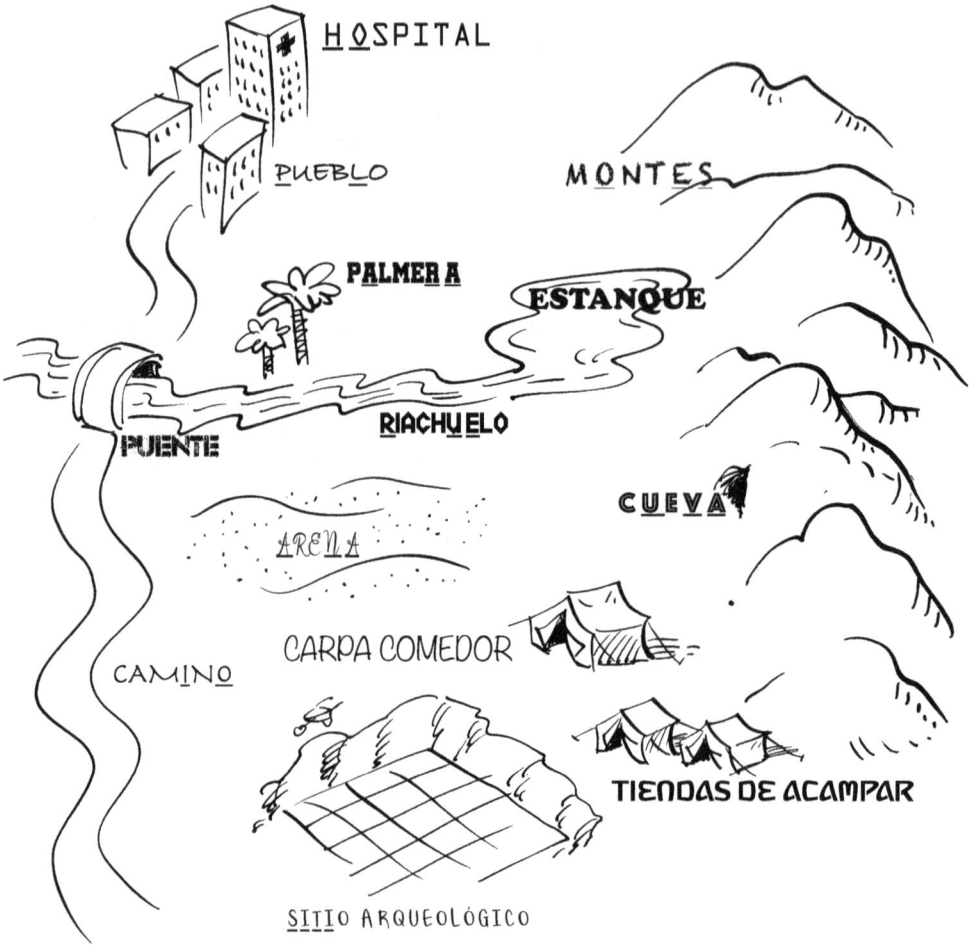

H O SPITAL

PUEBLO

MONTES

PALMER A

ESTANQUE

RIACHUELO

PUENTE

CUEVA

ARENA

CAMINO

CARPA COMEDOR

TIENDAS DE ACAMPAR

SITIO ARQUEOLÓGICO

EL _ _Ñ_R D_ _S _IZ_

_ESTID_R_S DE _IE_ P _ _ _

_D_ _ Y SU M_J_ _,

Y LOS V_ _ _ _ó.

Génesis 3: __

La búsqueda empieza

"¡Tío Jaime, tío Jaime!" Silvia corrió hacia el campamento con lágrimas cayendo por sus mejillas y Chispa ladrando a sus talones.

El tío Jaime se apresuró hacia Silvia. "Silvia, ¿qué pasó? ¿Por qué estás llorando? ¡Chispa, ya para! ¡Deja de ladrar! Cálmate, muchacho. Bien, Silvia, toma un respiro y dime qué sucede".

"Oh, tío Jaime, Max y yo encontramos una cueva, cerca de aquí", dijo Silvia mientras se la mostraba en el mapa. "Max quería entrar, pero le recordé que habías dicho que no y él me dijo que soy una gallina. ¿Puedes creerlo? ¡No soy una gallina!"

"Mmmmm, creo que comprendo".

"No, tío Jaime. Estaba enojada así que le dije a Max que me llevaría a Chispa y exploraría alrededor del otro lado de la cueva. Acordamos encontrarnos en la cueva en cinco minutos, ¡pero él no estaba allí!"

"Quizás solo se perdió. ¿Cuánto tiempo lleva desaparecido?"

"Alrededor de 30 minutos. Lo busqué en todas partes. Tío Jaime, ¿crees que él entró a la cueva por su cuenta?"

"No lo sé, Silvia. Usualmente Max obedece. Pero explorar una cueva puede ser muy tentador. Será mejor que reúna a un equipo de búsqueda. ¿Por qué no tomas un kit de primeros auxilios, linternas, sogas y agua mientras hablo con el equipo?"

Bueno, arqueólogo novato, parece que Max está perdido. Vamos a unirnos al equipo de excavación mientras ellos oran por Max y por su seguridad y luego estaremos listos para salir con el equipo de búsqueda.

Necesitamos ir a Génesis 3 en la página 192. Ahora que sabemos que Adán y Eva fueron tentados y desobedecieron a Dios, veamos qué sucedió luego.

Lee Génesis 3 y responde las seis preguntas básicas.

Génesis 3:7 ¿QUÉ sucedió después que ellos comieron del fruto?

Volviendo a Génesis 2:25, ¿estaban avergonzados el hombre y la mujer por estar desnudos?
__Sí   __No

¿QUÉ crees que sucedió para que ellos se sintieran diferentes con respecto a estar desnudos?

_____

_____

_____

Génesis 3:8 ¿QUÉ hicieron el hombre y la mujer cuando ellos oyeron a Dios andando por el huerto?

_____

_____

¿POR QUÉ crees que ellos se escondieron?

_____

_____

_____

Génesis 3:9 ¿QUÉ dijo Dios?

_____

_____

Ya que la Biblia nos dice que Dios lo sabe todo, ¿crees que Él no sabía dónde estaban Adán y Eva?
__Sí   __No

¿POR QUÉ crees que Dios le preguntó a Adán dónde estaba?

_____

_____

Génesis 3:10 ¿POR QUÉ se ocultó el hombre?

_____

_____

¿Alguna vez has ocultado algo que has hecho de tus padres?

___ Sí ___ No

Génesis 3:11 ¿QUÉ dos preguntas hizo Dios?

a._____

b._____

Ya que Dios sabe lo que Adán y Eva hicieron, ¿POR QUÉ le hizo estas preguntas a Adán?

_____

_____

Génesis 3:12 ¿CUÁL fue la respuesta del hombre a Dios?

_____

Génesis 3:12 Cuando Adán fue interrogado, ¿QUÉ hizo primero: admitir (confesar) lo que hizo o culpar a alguien más?

_____

Génesis 3:13 ¿CUÁL fue la respuesta de la mujer para Dios?

_____

¿Y tú? Cuando haces algo malo, ¿confiesas que eres culpable o buscas a otro a quien culpar, como un hermano o hermana?

_____

Busca y lee 1 Juan 1:9. ¿QUÉ nos dice Dios que debemos hacer cuando pecamos?

_____

¿QUÉ sucede cuando confesamos nuestros pecados?

_____

_____

Confesar nuestros pecados es estar de acuerdo con Dios que lo que hicimos estuvo mal. No tratamos de ocultar lo que hicimos. ¿Ves por qué Dios les preguntó a Adán y Eva por lo que hicieron? Dios es un Dios de misericordia y perdón. Él les estaba dando una oportunidad a Adán y Eva de decirle que habían hecho algo malo.

Génesis 3:14 ¿QUÉ le hizo Dios a la serpiente?

a. m ___ ___ ___ ___ ___ ___ a la serpiente

b. Le dijo a la serpiente: "Sobre tu _____ andarás".

c. Dios dijo a la serpiente que Él pondría "_____ entre tú y la _____ y entre tu _____ y su _____; él te _____ en la _____, y tú lo _____ en el _____".

Génesis 3:16 ¿QUÉ dijo Dios a la mujer?

"En _____ manera _____ tu _____ en el _____".
"...tu marido...tendrá _____ sobre _____".

Génesis 3:17-19 ¿QUÉ dijo Dios al hombre?

_____

Entonces ¿hubo consecuencias por desobedecer a Dios?
___ Sí ___ No

¡Absolutamente! Mañana continuaremos viendo las terribles consecuencias del pecado y no solo lo que les costó a Adán y Eva, sino también lo que le costó al mundo entero.

Cuando practiques tu verso de memoria, piensa por qué Dios hizo estas vestiduras de piel. Lo descubriremos al continuar desenterrando la verdad en la Palabra de Dios.

UNA MISIÓN DE RESCATE

"Justo por aquí", señaló Silvia mientras el equipo de búsqueda y el tío Jaime se acercaban a la cueva.

"Silvia, quiero que esperes aquí afuera con Ben y Chispa. William, María y yo entraremos a la cueva para ver si podemos encontrar a Max. Si no estamos de regreso en 30 minutos, Ben, quiero que contactes por radio al equipo de rescate".

El tío Jaime, María y William prendieron sus linternas al entrar con mucho cuidado a la oscura cueva, llamando a Max.

"Miren todos estos pasadizos", dijo María. "¿Por cuál creen que él se fue?"

"Creo que veo unas huellas por aquí", respondió el tío Jaime. "Intentemos con este pasadizo".

"Max", llamó el tío Jaime al continuar adentrándose en la cueva. "Max, ¿puedes oírme?"

"Estoy aquí, estoy aquí", dijo Max tratando de gritar, pero su garganta estaba tan seca que apenas podía decir las palabras. "Aquí abajo", intentó Max una vez más.

"Esperen un momento, creo que escuché algo". María agarró al tío Jaime del brazo. "Escuchen".
El tío Jaime, María y William se quedaron quietos y escucharon. Ellos apenas podían oír la desfallecida voz de Max.

"¿De dónde crees que proviene?" preguntó William.

"No estoy seguro", respondió el tío Jaime.

Al continuar buscando, María dio la vuelta por una esquina y alumbró su linterna junto al costado de la cueva mientras llamaba a Max. Sorprendida por un leve sonido, María pegó un brinco del susto y comenzó a moverse hacia el sonido. Al tomar el siguiente paso, su pie no topó otra cosa sino aire. "¡Oh, no!" clamó María al perder el equilibrio. Ella se estiró tratando de alcanzar una gran roca para evitar caerse, tumbando así piedrecillas y tierra por el borde de un barranco muy pronunciado. Mientras María se levantaba y recuperaba su aliento, ella vio al tío Jaime y a William correr a ella. "¡Esperen chicos!" exclamó ella. "Deténganse. Hay un barranco justo frente a mis pies. Creí haber oído a Max pidiendo ayuda y casi piso más allá del borde". María estaba temblando.

"¿Crees que Max pudo haberse caído por el barranco?" preguntó el tío Jaime preocupado.

"No lo sé. ¿Por qué no nos tendemos boca abajo y nos deslizamos sobre el borde del barranco y lo alumbramos con nuestras linternas?

Mientras que la búsqueda de Max continúa, podemos ver que su desobediencia ha puesto su vida y las vidas del equipo de búsqueda en peligro. Regresemos a Génesis y continuemos revisando el costo del pecado de Adán y Eva.

Lee Génesis 2:17.

¿QUÉ dijo Dios que pasaría si ellos comían del árbol?

_____

¿Murieron?

_____

Esa es una pregunta difícil, ¿verdad? Porque no, sus cuerpos no murieron físicamente en el momento en que comieron del fruto. Pero hubo una muerte espiritual inmediata para Adán y Eva. Ellos ya no eran puros y sin pecado. En Génesis 2 ellos no estaban avergonzados de su desnudez, pero después que pecaron ellos cosieron hojas de higuera, hicieron delantales y se ocultaron de Dios. Podemos ver que su relación con Dios cambió inmediatamente.

Busquemos y leamos Romanos 5:12.

¿CÓMO entró el pecado al mundo?

_____

En base a lo que hemos aprendido en Génesis 3, ¿QUIÉN es este hombre?

_____

¿QUÉ vino a través del pecado?

_____

¿DÓNDE se extendió la muerte?

_____

¿POR QUÉ se extendió la muerte a todos los hombres?

_____

Romanos nos muestra que una vez que el pecado entra al mundo por medio de Adán, cada ser humano nacido después de aquel tiempo, nace pecador. Busca y lee Romanos 3:23. ¿QUIÉN ha pecado?

_____

La palabra *todos* quiere decir todos. Entonces ¿naciste como pecador?
___ Sí ___ No

Incluso si tratas de ser bueno y hacer cosas buenas, ¿sigues siendo pecador?
___ Sí ___ No

¿CÓMO lo sabes?

_____

_____

Vemos nuevamente que la consecuencia del pecado es la muerte. Ve a Génesis 3 en la página 193 y lee Génesis 3:14-24.

Génesis 3:21 ¿QUÉ hizo Dios para vestir a Adán y Eva?

_____

¿CÓMO obtuvo Dios las pieles para las vestiduras?

_____

¿Algo tuvo que morir para poder cubrir a Adán y Eva después que ellos pecaron?
___ Sí ___ No

Desde el inicio de la Creación hasta ahora, ¿había muerto un ser vivo?
___ Sí ___ No

No hubo derramamiento de sangre hasta que el hombre pecó, no había muerte. Adán y Eva vivían en un mundo perfecto. Pero una vez que pecaron, la muerte entró al mundo y algo tuvo que morir para cubrir sus pecados. Comparemos Escritura con Escritura. Busca y lee Hebreos 9:22.

¿QUÉ debe suceder para que pueda haber perdón?

_____

En Génesis 3, Dios mata un animal para cubrir a Adán y Eva, pero un animal jamás puede quitar nuestros pecados completamente. Busca y lee Hebreos 9:11-12. ¿CÓMO son perdonados nuestros pecados?

_____

_____

Así que cuando Dios mató un animal al derramar su sangre y cubrir a Adán y Eva con su piel, Él estaba cubriendo sus pecados hasta que el sacrificio perfecto fuera efectuado.

El Cordero de Dios perfecto, sin mancha, Jesucristo, vendría a la tierra como un bebé, crecería, viviría una vida sin pecado y moriría en una cruz para quitar los pecados del mundo entero para siempre.

Por esto, ya no tenemos que sacrificar animales por el pecado. Los sacrificios de animales eran una ilustración de lo que Jesús haría por nosotros cuando Él murió en la cruz. Lo que Dios hizo por Adán y Eva era una solución temporal para cubrir el pecado hasta que Dios, en su tiempo perfecto, enviara un Salvador, el Señor Jesucristo, cuya sangre quitaría nuestros pecados para siempre. ¿No es eso asombroso? Dios nos ama tanto que aun cuando nosotros somos pecadores, Él provee una manera para que podamos vivir con Él eternamente.

Ahora regresemos a la cueva para ayudar al equipo de búsqueda a encontrar a Max. Mañana veremos un pasaje muy especial en Génesis que nos muestra la primera promesa de Dios sobre nuestra salvación.

RESCATADO AL FIN

El tío Jaime, María y William empezaron a gatear muy lentamente hacia el borde del barranco.

El tío Jaime llegó al borde primero y apuntó su linterna hacia abajo. "Max, Max, ¿estás ahí abajo?" El tío Jaime sintió un momento de pánico cuando su linterna alumbró a Max, quien estaba sentado en una pequeña saliente alrededor de tres metros debajo del borde del barranco.

"¡Ugh!" Max escupió la tierra de su boca para responder a su tío. "Solo tengo un poco de tierra en mi boca y en mi cara, pero creo que estoy bien".

"Solo quédate quieto. Voy a echarte una soga. Pásatela por encima de tu cabeza y ajústala alrededor de tu cintura y luego te halaremos hacia arriba".

El tío Jaime les dio un extremo de la soga a María y William y luego ellos retrocedieron hasta que estuvieron por la pared al otro de lado de la cueva donde podían pararse con seguridad. Mientras tanto, el tío Jaime formó un lazo en el otro extremo de la soga para que Max la deslizara por su cabeza.

"¡Aaay!" gritó Max.

María pegó un brinco y el tío Jaime rápidamente vio hacia abajo donde Max. "¿Qué pasó, Max?"

"Creo que algo me picó", exclamó Max mientras un dolor punzante se disparó a lo largo de su pierna. "Realmente no puedo ver sin la linterna. Oh cielos, ¡esto duele! ¡Tío Jaime, por favor date prisa y sácame de aquí!"

"Aquí viene la soga, Max. Póntela alrededor de ti. Bien. Ahora ajústala y resiste". El tío Jaime dio voces a William y María: "Comiencen a halar. Saquémoslo de esa saliente".

Mientras William y María comenzaron a tirar de la soga para levantar a Max de la saliente, el tío Jaime notó un escorpión de cola ancha huyendo de prisa. El tío Jaime se extendió y haló a Max para ponerlo en seguridad. "Max, muéstrame en dónde te duele".

"Oh, tío Jaime" susurró María al ver la pierna de Max. "¿Qué crees que le picó? Su pierna comienza a hincharse".

El tío Jaime miró a Max. "Max, vi a un escorpión en la saliente y tu pierna se ve como si hubieras sido picado. Te cargaré de vuelta al Jeep. Necesitamos llevarte al hospital".

"Perdóname, tío Jaime", sollozó Max. "De veras metí la pata esta vez".

"No te preocupes, Max. Hablaremos de eso luego, ¿está bien? William, por qué no guías el camino con tu linterna para que pueda cargar a Max".

Silvia alzó la mirada para ver a William, María y al tío Jaime cargando a Max saliendo de la cueva. "Mira, Ben, acabaron de salir. Oh no. El tío Jaime está cargando a Max".

"Estoy seguro que está bien, Silvia. Solo no dejes suelto a Chispa".

"Ben", llamó el tío Jaime, "contacta al hospital por radio. Diles que un escorpión de cola gruesa ha picado a Max y que estamos en camino. Silvia, súbete al Jeep y sostén a Chispa. Necesitamos apurarnos. Esto es serio. El tiempo es crucial con este tipo de picada. ¡Vamos!"

Mientras nuestro equipo de búsqueda se dirige a toda velocidad al hospital para salvar la vida de Max, echemos un vistazo a un pasaje muy especial en Génesis 3:15. Ve a la página 193 y lee Génesis 3:15.

¿Entre quiénes hay enemistad (es decir, odio)?

_____

_____

Simiente significa "niño" o "descendencia".

¿QUIÉN será herido en la cabeza?

_____

¿QUIÉN será herido en el talón?

_____

¿QUIÉN es la simiente de la mujer? ¿Lo sabes? Podemos rastrear las generaciones de Adán hasta Abraham leyendo Lucas 3:34-38.

Ahora busca y lee Gálatas 3:16. ¿QUIÉN es la simiente de Abraham?

_____

¿Sabías que solo hay una manera de morir que hiera el talón de una persona? La única muerte que causa heridas en el talón es la crucifixión. ¿A QUIÉN odia Satanás? ¿QUIÉN fue crucificado (herido en el talón) por nuestros pecados?

_____

Satanás hirió a Jesús en el talón (la crucifixión), pero Jesús herirá a Satanás en la cabeza. ¿Sabías que una herida en la cabeza es un golpe fatal? Esto demuestra una completa derrota.

Busca y lee Apocalipsis 20:10. ¿QUÉ sucede con Satanás?

_____

¿Por CUÁNTO tiempo?

_____

Entonces ¿sabes por qué Génesis 3:15 es un pasaje tan especial? Este pasaje es llamado el *protevangelium*. ¿Alguna vez has oído esa palabra antes? Prot significa "el primero". Ahora ¿puedes pensar en una palabra que se parezca a *evangelium*? ¿Qué tal evangelismo? El *evangelismo* es la enseñanza del evangelio.

Génesis 3:15 es llamado el *protevangelium* porque es la primera promesa en la Biblia de la salvación del hombre por medio de Jesucristo. Es un pasaje de esperanza. En Génesis, después de la caída del hombre, vemos a Dios prometiendo un redentor que nos salvará del pecado y la muerte. Jesús es ese redentor. Eso significa que Él pagó el precio por nuestros pecados.

¿Has puesto tu confianza en Jesús para salvarte de tus pecados?
___ Sí ___ No

¿O confías en qué tan bueno eres?
___ Sí ___ No

Recuerda, nunca podremos ser suficientemente buenos. Todos somos pecadores. Y solo hay una manera de ser limpiado del pecado y es mediante el derramamiento de la sangre de Jesús.

Pero eso no es todo. Dios también promete que Jesús herirá la cabeza de la serpiente. ¡Un día Satanás será totalmente derrotado y echado al lago de fuego para siempre! Y aquellos que han confiado en Jesús como su Salvador, reinarán con Él en cielos nuevos y tierra nueva, donde el pecado y la muerte han sido abolidos. ¿No es eso emocionante?

¿Alguna vez piensas en cómo serán los cielos nuevos y la tierra nueva? Dios nos dice justamente en Su Palabra. (Si quieres echar una ojeada para ver los cielos nuevos y tierra nueva, puedes hallar su descripción en Apocalipsis 21:1-22:5).

Terminemos Génesis 5. Ve a la página 194 y lee Génesis 3:20-24.

Génesis 3:22-24 ¿QUÉ pasó con Adán y Eva?

_____

Génesis 3:22 ¿POR QUÉ?

_____

_____

Génesis 3:24 ¿QUIÉN guardaba el camino del árbol de la vida?

_____

¿POR QUÉ crees que Dios no quiso que Adán y Eva comieran del árbol de la vida?

_____

¿Crees QUÉ Dios estaba castigándolos o protegiéndolos?

_____

¿Es Dios bondadoso o cruel?

_____

Ya hemos visto cuán bondadoso y misericordioso es Dios. Él ha prometido a Adán y Eva un Salvador y sacrificó un animal para cubrirlos. ¿Por qué Él los enviaría fuera del huerto? Para protegerlos. Si ellos comían del árbol de la vida, ellos vivirían en una condición pecaminosa y serían separados de Dios para siempre.

Ahora piensa sobre tu relación con tus padres. ¿Alguna vez te han impedido tus padres ir a algún lugar o hacer algo que realmente querías hacer? ___ Sí ___ No

¿Creíste que tu mamá y tu papá estaban siendo crueles e irrazonables cuando dijeron que no? ___ Sí ___ No

Al ver el amor y protección de Dios por Adán y Eva, ¿ves cuánto te aman realmente tu mamá y tu papá y que solo quieren lo mejor para ti?

Dios sacó a Adán y Eva del huerto para que ellos no comieran del árbol de la vida y vivieran por siempre. Veamos Génesis 5:5 en la página 199 para ver CUÁNDO murió Adán.

¿CUÁNTOS años tenía Adán cuando él murió? ____ años

Hagamos una lista para contrastar cómo era la creación *antes* de la caída del hombre con cómo fue *después* de la caída.

Un contraste nos muestra cosas que son diferentes u opuestas. Bueno y malo, negro y blanco y noche y día son todos contrastes. Completa los espacios en blanco en las listas a continuación para mostrar la diferencia en el mundo *antes* de la caída y *después* de la caída.

Antes de la Caída	**Después de la Caída**
1. Génesis 1:31 Dios vio toda la creación y era muy _____. No había p __ __ __ __ __.	1. El p __ __ __ __ __ entró al mundo.
2. _____ y _____ estaban con Dios en el huerto.	2. Adán y Eva se e __ __ __ __ __ __ __ __ __ __ de Dios.
3. Génesis 2:25 D __ __ __ __ __ __ s, no se avergonzaban	3. Génesis 3:7-8 Sabían que estaban d __ __ __ __ __ __ s, se _____
4. Árbol de la vida, no había m __ __ __ __ e.	4. Los animales y el hombre _____.
5. Génesis 2:15 Cuiden el h __ __ __ __ __.	5. Génesis 3:23 e __ __ __ __ __ __ del huerto
6. No había maldición, era muy _____ Génesis 2:16 De todo	6. Génesis 3:17-18 M __ __ __ __ __ a será la t __ __ __ __ __.

Antes de la Caída	Después de la Caída
á __ __ __ __ del huerto podían __ __ __ __ __, excepto del árbol del conocimiento del _____ y del _____.	E __ __ __ __ __ __ y c __ __ __ __ __ les producirá. Con t __ __ __ __ __ o y s __ __ __ r comerán.

Ahora haz un dibujo en el cuadro dividido a continuación. En el lado izquierdo, muestra cómo la creación se veía antes de la caída y en el lado derecho, muestra cómo se veía después de la caída.

Antes de la Caída   Después de la Caída

¡Buen trabajo!

UN TAREA ESPECIAL

"Tío Jaime", exclamó Silvia, "¿qué sucede? ¿Qué le pasa a Max?"

"Está bien, Silvia". María se acercó y tomó a Silvia de la mano. "Max está teniendo una convulsión. Algunas veces una picadura de escorpión puede causar convulsiones y formación de espuma en la boca. ¿Por qué no oramos juntos? El hospital no está lejos ahora".

Cuando el Jeep llegó a la puerta de emergencias, el tío Jaime saltó fuera y corrió dentro del cuarto de emergencias, cargando a Max muy enfermo. "Tengo a un niño de 11 años con una picadura de un escorpión de cola gruesa y está teniendo convulsiones".

"Déjeme conseguir una enfermera, luego llamaré al Dr. Vick", respondió la señorita de recepción. La enfermera Donoso llegó rápidamente con una camilla y llevó a Max hacia el Cuarto 3 mientras contactaban al Dr. Pérez.

Veinte minutos más tarde el Dr. Pérez salió y dijo al tío Jaime y al resto: "Tuvimos que darle un antisuero a Max, pero él se pondrá bien. Es una bendición que haya visto al escorpión. El saber qué le picó nos permitió darle un tratamiento rápido y probablemente salvó su vida. Puede entrar a verlo una vez que lo dejemos listo. Necesitamos que Max se quede esta noche para observación. Luego si él continúa en buenas condiciones, podrá llevarlo de vuelta al campamento mañana".

¡Uf! ¿Estás aliviado? Max estará bien. Sin embargo, mientras él descansa en el hospital, el tío Jaime tiene una tarea especial para ti. Examinemos detenidamente la relación de Adán y Eva.

Ve a la página 190 y lee Génesis 2:18-25.

Génesis 2:18 ¿QUÉ hizo Dios por el hombre?

_____

Génesis 2:18 ¿POR QUÉ dijo Dios que el hombre
necesitaba una ayuda?

_____

Génesis 2:21-22 ¿CÓMO creó Dios a la mujer?

_____

Génesis 2:22 ¿QUÉ hizo Dios tan pronto como terminó de
crear a la mujer?

_____

Génesis 2:23 ¿POR QUÉ la llamó Adán "mujer"?

_____

¿No es asombroso que Dios conozca exactamente qué necesitamos?
Dios sabía que el hombre necesitaba una ayuda, alguien adecuado
para él. Por lo que Él creó a la mujer y se la trajo al hombre. ¿Qué
sucedió luego? Dios tiene una relación muy especial planificada para
ellos. Echemos un vistazo al momento en que Dios crea el primer
matrimonio.

Génesis 2:24 ¿QUÉ tres cosas debía hacer el hombre
cuando se casó?

_____

_____

_____

_____

Dios dijo al hombre que dejara a su madre y su padre y se una a su
mujer. ¿QUÉ significa *unirse*? Quiere decir "aferrarse, mantener cerca".
Dios quiere que el hombre deje a sus padres para aferrarse a su mujer.
La relación más importante del hombre y la mujer es con Dios. Pero
después de su relación con Dios, su matrimonio debe ser la relación
más importante que tengan.

Una vez que el hombre deja a su familia y se une a su mujer, ellos deben ser una sola carne. Ellos deben tener una relación física muy especial que solo es compartida como esposo y esposa.

Leamos Génesis 1:28.

> ¿QUÉ mandamiento le dio Dios a Adán y Eva cuando Él los bendijo?

_____

_____

_____

Dios dijo a Adán y Eva que tuvieran hijos y llenaran la tierra y ejercieran dominio sobre ella. Pero en Génesis 3 vemos la caída del hombre. El pecado cambia todo, incluso el plan ideal para de Dios para Adán y Eva.

Ve a Génesis 3:16 en la página 194 y mira lo que Dios le dice a Eva.

> ¿CÓMO daría a luz Eva a sus hijos?

_____

> ¿QUIÉN tendría dominio sobre quién?

_____

Ahora que el pecado entró al mundo, vemos que Dios ha puesto al esposo para dominar sobre la esposa. ¿QUÉ significa eso? Veamos una referencia cruzada para ver lo que Dios dice sobre la relación matrimonial en Efesios 5. Busca y lee Efesios 5:22-32.

> Efesios 5:22-24 ¿QUÉ debe hacer la esposa?

_____

> ¿CÓMO debe hacer esto?

_____

¿Qué significa estar sometido? Significa ordenar abajo, subordinar. La esposa debe respetar a su esposo y voluntariamente ponerse bajo la autoridad de su esposo, así como ella lo haría en su relación con Jesús.

Efesios 5:25 ¿Cómo debe tratar el esposo a su mujer?

_____

Mira Efesios 5:28. ¿CÓMO debe amar el esposo a su esposa?

_____

¿No es eso asombroso? Dios compara la relación del esposo con su esposa con la relación de Jesús y la iglesia. Cuando Dios habla de la iglesia, Él habla sobre aquellos que creen en Jesús y han entregado sus vidas a Él. Sabemos que Jesús entregó Su vida voluntariamente por la iglesia. El esposo debe entregarse por su mujer de la misma manera que lo hizo Jesús. Él debe considerar a su esposa antes que a sí mismo y amarla como lo hace con su propio cuerpo. Él debe cuidarla.

¿Te das cuenta de que el matrimonio es una relación muy especial? ¿Parece el plan de Dios para el matrimonio una relación temporal o permanente? Busca y lee Mateo 19:4-9.

Mateo 19:6 ¿QUÉ dice Dios sobre la relación matrimonial?

_____

Intenta lo siguiente: toma dos piezas de cartulina y pégalas juntas. Después que el papel se ha secado, trata de separar las dos cartulinas. ¿Puedes separar las hojas de cartulina sin romperlas o se rasga parte del papel y se queda adherido a la otra hoja de cartulina?

_____

Hacer este experimento te ayudará a ver que una vez que dos personas se han unido, no pueden separarse sin arrancar y lastimarse la una a la otra. ¿Cómo crees que Dios se siente respecto al divorcio cuando Él creó esta relación especial de "una sola carne"? Busca y lee Malaquías 2:16.

¿CÓMO se siente Dios respecto al divorcio?

_____

Ahora mira Mateo 19:9. ¿CUÁL es la única razón que Jesús da para el divorcio?

_____

¿QUÉ es la infidelidad? Es cuando una persona usa su cuerpo de una manera que Dios dice que es incorrecto. Es lo opuesto a mantener tu cuerpo puro.

Mira Hebreos 13:4. ¿CÓMO debe ser el matrimonio?

_____

¿CÓMO debe ser el lecho matrimonial?

_____

Sin deshonra significa ser puro. Esto quiere decir que el lecho matrimonial es solo para la relación especial del esposo y la esposa. No debe ser compartida con nadie antes de casarse ni después de casarse, excepto el cónyuge. Es una relación especial que Dios ha creado solamente para el matrimonio. Quebrantar esa relación especial al ser impuro es la única razón que Dios da para el divorcio.

Ahora que has examinado más de cerca al matrimonio, ¿ves lo serio que es el matrimonio para Dios?
___ Sí ___ No

Dios creó el matrimonio y nuestro matrimonio debe glorificarlo. Al examinar detenidamente la relación más importante que tendremos fuera de nuestra relación con Dios, podemos asegurarnos que estamos haciendo las cosas a Su manera y no siguiendo lo que el mundo dice que está bien.

¿Recuerdas cómo Dios trajo a la mujer al hombre? Nunca es demasiado temprano para que ores y Le preguntes a Dios si es Su plan que te cases y que Él traiga a la persona correcta a ti. El matrimonio es un compromiso de por vida. Necesitamos dejar que Dios escoja a esa persona especial con quien compartir nuestras vidas.

A medida que crezcas, pregúntale a Dios si deberías salir en citas y con quién deberías hacerlo. Escoge a la persona con quien salgas con mucho cuidado. No dejes que tus sentimientos y emociones tomen el control. No salgas con alguien porque él o ella es popular o muy agradable. Pregúntate a ti mismo: ¿esta persona ama a Jesús y vive para Él? ¿Cómo es el carácter de esta persona? ¿Cómo trata a sus padres, hermanos y hermanas?

Recuerda, debemos conservarnos puros para nuestra pareja, así que necesitamos prestar atención a nuestro comportamiento. ¿Deberías andar besando y acariciando? Dios nos ha dicho que solo hay una persona con la cual debemos tener esta relación especial: la persona con quien nos casemos.

No hagas lo que los demás dicen que está bien. Haz lo que Dios dice que es correcto. Dios nos dice en 1 Corintios 6:19-20 que nuestro cuerpo es un templo del Espíritu Santo y no nos pertenece a nosotros mismos. Hemos sido comprados por precio. Jesús murió por nosotros en una cruz; por tanto, debemos glorificar a Dios con la manera en que usamos nuestros cuerpos.

Cuando te conviertes en un adolescente, querrás hacer un estudio más profundo del matrimonio. Tenemos un estudio bíblico especial llamado *Algún Día, un Matrimonio sin Remordimientos* que te preparará para esa relación muy especial que Dios creó.

Ahora al regresar a nuestro campamento, ¿aprendiste tu verso de memoria? No olvides decírselo a un amigo o a un adulto.

4
¡UN GRAN HALLAZGO!

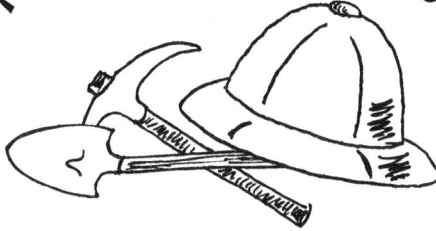

GÉNESIS 4-5

¿No se siente bien estar de regreso en el campamento? Tuvimos una aventura bastante aterradora la semana pasada al buscar a Max y llevarlo de urgencia al hospital. Ahora que él está bien y de regreso en el campamento, necesitamos volver al trabajo en la fosa, para descubrir qué sucedió con Adán y Eva después que Dios los echó fuera del huerto. Pero antes de comenzar a excavar, desayunemos con el equipo de excavación.

PRIMER DÍA

RASPANDO LA TIERRA

Cuando el tío Jaime llegó al campamento para tomar una taza de café, notó a Max muy callado y de semblante triste. "Oye, Max, ¿cómo te encuentras en esta mañana?"

"Estoy bien, tío Jaime. Aun adolorido por la picadura, pero eso es todo".

"¿Seguro, Max? ¿O algo te molesta?"

"Es solo que me siento muy mal, tío Jaime. Sé que te decepcioné y lastimé a muchas otras personas, también. Asusté a Silvia y María casi se lastima tratando de rescatarme", concluyó Max.

"Bueno, Max, el pecado no solo te afecta a ti. También afecta a otras personas. ¿Has buscado a Dios y Le has pedido perdón y Le has dicho que no quieres que vuelva a suceder?"

"Sí, señor, lo hice".

"¿Qué nos dice Dios que hará cuando confesamos nuestro pecado?"

"Que Él nos perdonará".

"Así es. Dios te ha perdonado, Max. Ahora necesitas arreglar las cosas con la gente que lastimaste. Necesitas ir con el equipo de excavación y con Silvia y necesitas llamar a tu mamá y tu papá".

"Pero ¿no llamaste tú a mamá y papá, tío Jaime?"

"Sí, lo hice. Pero los llamé por tu accidente. Necesitas hablar con ellos acerca de lo que hiciste".

"Lo sé", suspiró Max. "¿Qué si mamá y papá quieren que vaya a casa antes de tiempo? ¿Dejarán la tía Katy y el tío Guillermo que Silvia se quede?"

"No lo sé, Max. Tendremos que esperar a ver qué pasa, ¿de acuerdo? Ahora necesitamos discutir sobre tu disciplina por desobedecerme. Te quiero, amiguito, pero no se te permitirá ayudar en el sitio de excavación por una semana. En lugar de eso, trabajarás con el sr. Antonio en la cocina y limpiando el lugar. ¿Está bien?"

"Pero, tío Jaime…" Max comenzó a protestar, pero en lugar de eso se tragó sus protestas y cambió su respuesta. "Sí, señor", respondió. "Lo siento mucho".

"Y te perdono, Max. Ahora", el tío Jaime sonrió y puso su brazo alrededor de los hombros de Max, "vamos a orar con el equipo y luego puedes llamar a tu mamá".

¿Qué hay de ti, arqueólogo novato, has orado?

Entonces vamos a la excavación y ayudemos a Silvia y al equipo a desenterrar lo que ocurrió después que Adán y Eva fueron echados del huerto.

Ve a la página 195 de tu Registro de Observaciones y lee Génesis 4. Luego marca las siguientes palabras clave y cualquier pronombre o sinónimo que correspondan a estas palabras con un color o símbolo en particular:

Señor (Dios) (dibuja un triángulo morado y coloréalo de amarillo)

Adán (dibújalo con naranja)   Caín (dibújalo con verde)

Abel (dibújalo con azul oscuro)   Set (dibújalo con celeste)

Muerte, matar (dibuja una lápida negra y coloréala de café)

Ofrenda (haz un cuadro con azul y coloréalo de amarillo)

Sangre (dibújala con rojo)   Pecado (coloréalo con café)

Ahora saca tu registro diario y haz una lista de todo lo que has descubierto sobre Caín y Abel.

Registro Diario de Caín y Abel	
Caín	**Abel**

¡Vaya! Mira todo lo que has descubierto y eso no es todo. Raspa un poco más de tierra en el lado derecho de tu cuadro. ¡Mira, eso parece parte de una antigua pared de piedra! Al continuar raspando la tierra, ¿por qué no desentierras el verso para memorizar de esta semana? Descifra las palabras desordenadas en la pared de piedra exhibida a continuación y coloca las palabras correctas en los espacios en blanco para completar tu verso de memoria.

LABE   PETRA   TROJA

SIGROTIEMPON   SAVEJO   RASGA   SOMISM

REÑOS   OGRADA   EBAL

FOREDAN   GORADA   NICA   DAREFON

NCAI   JEONO   TEMBLASNE

También _____, por su _____, _____ **de** los _____

de sus _____ y de la _____ de los _____. El _____ miró

con _____ a _____ y su _____, pero no miró con

_____ a _____ y su _____. _____ se _____

mucho y su _____ se demudó.

Génesis 4: __-__

Ahora escribe esto en una tarjeta y practícalo, ¿cuántas veces hoy? ___ veces.

CAVANDO Y TAMIZANDO

Ese fue un gran descubrimiento que hiciste ayer. Todo el equipo de excavación está tan emocionado que no pueden esperar para volver a la fosa esta mañana para ver cuánto de esa vieja pared continúa intacta. Max se veía bastante decepcionado cuando Silvia salió hacia el sitio de excavación y él se quedó para limpiar los platos. ¿Por qué no te diriges a la fosa? Tenemos más por descubrir sobre Caín y Abel.

Ahora al descender a la fosa de nuevo, responde las seis preguntas básicas.

En Génesis 1:28, Dios les dijo a Adán y Eva que fructificaran, se multiplicaran y llenaran la tierra. Ahora mira Génesis 4:1-2 en la página 195.

¿A QUIÉN dio a luz Eva?

_____

Génesis 4:2 ¿CUÁL era el trabajo de Abel?

_____

¿CUÁL era el trabajo de Caín?

_____

Génesis 4:3-4 ¿QUÉ hicieron Caín y Abel?

_____

Génesis 4:3 ¿CUÁL fue la ofrenda de Caín?

_____

Génesis 4:4 ¿CUÁL fue la ofrenda de Abel?

_____

Génesis 4:4-5 ¿CUÁL fue la respuesta de Dios?

_____

¿POR QUÉ crees que Dios se agradó de la ofrenda de Abel pero no de la de Caín?

_____

¿A Dios le agradaba más Abel que Caín? ___ Sí ___ No

¡De ninguna manera! Dios no tiene favoritos. Entonces ¿por qué rechazó Dios la ofrenda de Caín? Vamos a averiguarlo. Busca y lee Hebreos 11:1-6.

Hebreos 11:2 ¿CÓMO recibieron aprobación los antiguos?

_____

Hebreos 11:4 ¿QUÉ nos dice esto sobre los sacrificios de Abel y de Caín?

_____

¿De QUÉ manera ofreció Abel mejor sacrificio que Caín?

_____

¿QUÉ testimonio alcanzó Abel con su sacrificio? Que él era _____

Hebreos 11:6 ¿CUÁL es la única manera en que podemos agradar a Dios?

_____

Busca y lee Romanos 10:17.

¿CÓMO viene la fe?

_____

Ahora cirnamos la tierra. Vemos que Dios aceptó el sacrificio de Abel porque era un mejor sacrificio. ¿Qué hizo que fuera un mejor sacrificio? El sacrificio de Abel fue mejor porque fue ofrecido… ¿CÓMO? Por la _____.

Y la fe viene ¿de QUÉ manera? Por el _____.

La fe es la única manera de agradar a Dios. Abel entendió esto y trajo a Dios una ofrenda para poder agradarle. O Caín no entendió o no le importó, porque él vino a Dios en sus propios términos, por sus obras. Caín trajo a Dios una ofrenda que vino de lo que él hizo con sus propias manos.

Pero ¿no ofreció Abel a Dios algo de sus obras ya que él era pastor de ovejas? ¿Cuál es la diferencia entre los dos sacrificios? Recuerda, Hebreos dice que el sacrificio de Abel fue ofrecido por la fe. Abel ofreció el sacrificio que Dios quería que él ofreciera.

Pero ¿CÓMO supieron Caín y Abel qué clase de sacrificio traer a Dios? ¿Recuerdas lo que vimos la semana pasada en Génesis 3:21?

¿QUÉ sacrificó Dios para cubrir el pecado de Adán y Eva?

_____

Caín y Abel tuvieron una figura del sacrificio en base a lo que Dios hizo en el huerto para cubrir a Adán y Eva.

¿Crees que la gente de hoy trata de llegar a Dios a su propia manera como lo hizo Caín? ___ Sí ___No

Sí. Muchas personas creen que no importan las creencias o cómo llegas a Dios. ¿Le importó a Dios que Caín no ofreció el sacrificio correcto? ¡Claro que sí! Dios quiere que tengamos una relación con Él, pero debemos acercarnos a Él a Su manera. No podemos ganarnos nuestra salvación por la obra de nuestras manos como Caín trató hacerlo.

Busca y lee Efesios 2:8-9.

¿CÓMO eres salvo?

_____

¿QUÉ es la salvación?

Es _____ de Dios, no por _____, para que nadie se _____.

Busca y lee Juan 14:6.

¿CUÁL es la única manera en que puedes llegar al Padre?

_____

Dios nos dice muy claramente en Su Palabra que solo hay un camino a Él y es por medio de Su unigénito Hijo, Jesucristo, quien derramó Su sangre por nuestro pecado. La salvación es un don de Dios. Si no nos acercamos por fe y aceptamos a Su Hijo como Salvador de nuestra vida, entonces seremos rechazados así como la ofrenda de Caín fue rechazada.

> En vista de todo lo que has desenterrado hoy, ¿alguna vez te has acercado a Dios a Su manera? ¿O todavía tratas de acercarte a Dios de la manera que crees mejor?

_____

Como lo hemos descubierto, hacer las cosas a nuestra manera solo lleva al pecado y la muerte.

Ahora echa un vistazo a cuánto de la antigua piedra has desenterrado. Practiquemos nuestro verso de memoria al ayudar a María a tomar fotografías de la pared. Mañana continuaremos raspando la tierra y examinando lo que ocurre después que Dios rechaza la ofrenda de Caín.

EXPONIENDO LA PARED

"Vaya, esa vieja pared de piedra es muy genial", dijo Max a Silvia al mirar abajo a la fosa. "Quisiera bajar allí y ayudar con la excavación".

"Lo sé, Max. No es tan divertido sin ti", suspiró Silvia. "Pero el tío Jaime cree que desenterraremos más paredes al continuar cavando".

"Espero que sí". Max revisó su reloj. "Será mejor que regrese a la tienda de la cocina y termine de ayudar al sr. Antonio".

"Bueno, Max. Iré a tomar mi equipo y nos veremos en la hoguera para desayunar".

Ahora que has terminado de desayunar, arqueólogo novato, ¿estás listo para regresar a Génesis 4? Ve a la página 195 y lee Génesis 4:3-16.

Génesis 4:5 ¿QUÉ pasó con Caín cuando Dios rechazó su ofrenda?

_____

Génesis 4:6 ¿QUÉ le preguntó Dios a Caín?

_____

Semblante significa "cara". La cara de Caín mostraba cómo él se sentía por dentro.

Génesis 4:7 ¿Le da Dios otra oportunidad a Caín?
___ Sí ___ No

Génesis 4:7 ¿QUÉ le dice Dios a Caín?
"Si _____ _____, ¿no serás _____? Pero si
no _____ _____, el _____ yace
a la _____ y te _____, pero tú debes
dominarlo".

¿Notaste que Caín jamás le preguntó a Dios por qué Él no aceptó su ofrenda? Caín sabía por qué. Caín nunca dijo: "Lamento haber cometido un error. Hice lo malo". Aun cuando Dios le da una oportunidad de confesar al preguntarle en el verso 6 por qué él estaba enojado.

Vemos por la respuesta de Dios a Caín, "si haces bien…" que Caín sabía qué era lo correcto. Luego Dios le da otra oportunidad a Caín al darle una oportunidad de hacer bien o no hacer bien. Él tenía que decidir obedecer a Dios y hacer lo que Dios le había dicho que hiciera o hacerlo a su manera.

Dios también advierte a Caín que si él no hace bien, aquel pecado se enseñoreará de él y lo controlará. Entonces ¿QUÉ escoge Caín? ¿Su manera o la de Dios, dominar el pecado o dejar que el pecado lo domine? Vamos a averiguarlo.

Génesis 4:8 ¿QUÉ hizo Caín?

_____

¿Permitió Caín que su enojo lo gobernara?
___ Sí ___ No

Leamos Efesios 4:26-27. ¿CÓMO debemos manejar el
enojo?

_____

¿Le dio Caín una oportunidad al diablo al estar
enojado?
___ Sí ___ No

¿Dominó el pecado a Caín?
___ Sí ___ No

¿Obedeció Caín a Dios?
___ Sí ___ No

Génesis 4:9 ¿QUÉ pidió Dios a Caín?

_____

¿Sabía Dios lo QUE le había sucedido a Abel?
___ Sí ___ No

Si Dios sabía, ¿POR QUÉ crees que Él le hizo a Caín esta
pregunta?

_____

¿CÓMO respondió Caín a la pregunta de Dios?

_____

¿Confesó Caín a Dios lo que había hecho o Le mintió?

_____

Génesis 4:10 ¿QUÉ dijo Dios?

_____

Génesis 4:11-12 ¿QUÉ le hizo Dios a Caín?

_____

Génesis 4:13-14 ¿CÓMO respondió Caín?

_____

¿Alguna vez Caín confesó o pidió perdón o solo estaba preocupado por su castigo?

_____

Génesis 4:15 ¿QUÉ hizo Dios?

_____

¿Fue Dios misericordioso con Caín?
___ Sí ___ No

Génesis 4:16 ¿QUÉ hizo Caín?

_____

¿DÓNDE se estableció Caín?

_____

Veamos una referencia cruzada que nos habla sobre Caín. Busca y lee 1 Juan 3:11-12.

1 Juan 3:11 ¿CÓMO debemos tratarnos unos a otros?

_____

1 Juan 3:12 ¿Amó Caín a su hermano?
___ Sí ___ No

¿POR QUÉ mató Caín a su hermano?

_____

Ahora apliquemos todo lo que hemos aprendido sobre Caín a nuestras vidas.

¿CÓMO te comportas cuando te enojas?

¿Tiras la puerta? ¿Agredes siendo sarcástico? ¿Le gritas a la persona que te hizo enojar? ¿Hablas de ellos a sus espaldas? ¿Haces muecas? ¿Permites que tu enojo gobierne?

Escribe cómo actúas cuando algo o alguien te hace enojar.

_____

_____

¿CÓMO deberías comportarte? Mira Efesios 4:26, 31-32.

¿QUÉ nos dice Dios que debemos hacer con el enojo?

_____, pero no _____;

no se _____ ___ _____ sobre su enojo.

S___ ___ q __ __ __ __ __ __ de ustedes.
Sean ____ unos ____ ____.

P __ __ __ __ __ __ __ __ __ __ ___unos a otros,

así como Dios también los perdonó en Cristo.

¿Necesitas salirte con la tuya?___ Sí ___ No

¿Amas a otros?___ Sí ___ No

¿Te burlas de otros chicos, te ríes de ellos o hablas mal de ellos? ___ Sí ___ No

¿A quién te pareces en tu comportamiento?

¿Solo te preocupas por ti mismo y por lo que quieres?
___ Sí ___ No

¿Te pones celoso o enojado cuando alguien obtiene algo que quieres?   ___ Sí ___ No

¿Caminas a la manera de Dios o en semejanza a Caín?

_____

¿No es desgarrador ver que Caín salió de la presencia del Señor? ¿Puedes imaginar cuán terrible sería no tener la presencia de Dios en tu vida? Pero eso es exactamente lo que ocurre con nosotros cuando escogemos nuestro propio camino en lugar del de Dios. Al salir de la fosa, sácate la tierra con el cepillo y pídele a Dios que te ayude a escoger siempre Su manera y no la manera de Caín.

LimpiaNDo Los escombros

¡Buenos días! La limpieza de esa vieja pared de piedra está avanzando. Requiere mucha paciencia raspar gentilmente la tierra, manteniendo intacta la pared y estás haciendo un excelente trabajo. Hoy necesitamos quitar los escombros para ver qué sucede ahora que Caín ha dejado la presencia de Dios y se ha establecido en la tierra de Nod.

Lee Génesis 4:16-25 en la página 197 de tu Registro de Observaciones.

Génesis 4:16-17 ¿QUÉ aprendemos sobre Caín?

Él tiene una e___ ___ ___ ___ ___.

Él tiene un h ___ ___ ___ llamado _____.

Él edifica una _____ y la llama _____.

¿De DÓNDE salió la esposa de Caín? ¿Lo sabes?

Lee Génesis 3:20. ¿POR QUÉ Adán le llama Eva a su mujer?

_____

Lee Génesis 5:4. ¿Tuvieron Adán y Eva otros hijos?
___ Sí ___ No

Ahora veamos los hechos. Adán y Eva eran las únicas personas que Dios creó. Eva es la madre de todos los vivientes. Adán y Eva tuvieron otros hijos. Entonces ¿con QUIÉN se casó Caín?

_____

Ahora, la Biblia sí enseña que no debemos casarnos con familiares de sangre porque puede causar problemas genéticos, pero Dios no entregó esta ley hasta mucho después en la historia de la humanidad. En este momento estamos en el inicio de la humanidad.

Hagamos un árbol genealógico de todos los descendientes de Caín al leer Génesis 4:17-24 y llenando el lado de Caín del árbol genealógico en la siguiente página.

Ya que estamos hablando del inicio de la humanidad, ¿alguna vez has visto cavernícolas en la televisión, en libros o en películas? ¿Cómo son representados: como personas muy inteligentes o gente primitiva que no puede hablar, escribir o hacer cosas?

_____

¿CÓMO sabemos que las primeras personas fueron realmente así? Echemos un vistazo a Génesis 4:17-22 para ver lo que Dios tiene que decir sobre la primera civilización.

Génesis 4:17 ¿QUÉ edificó Caín?_____

Génesis 4:20 ¿DÓNDE vivieron los hijos de Jabal?

_____

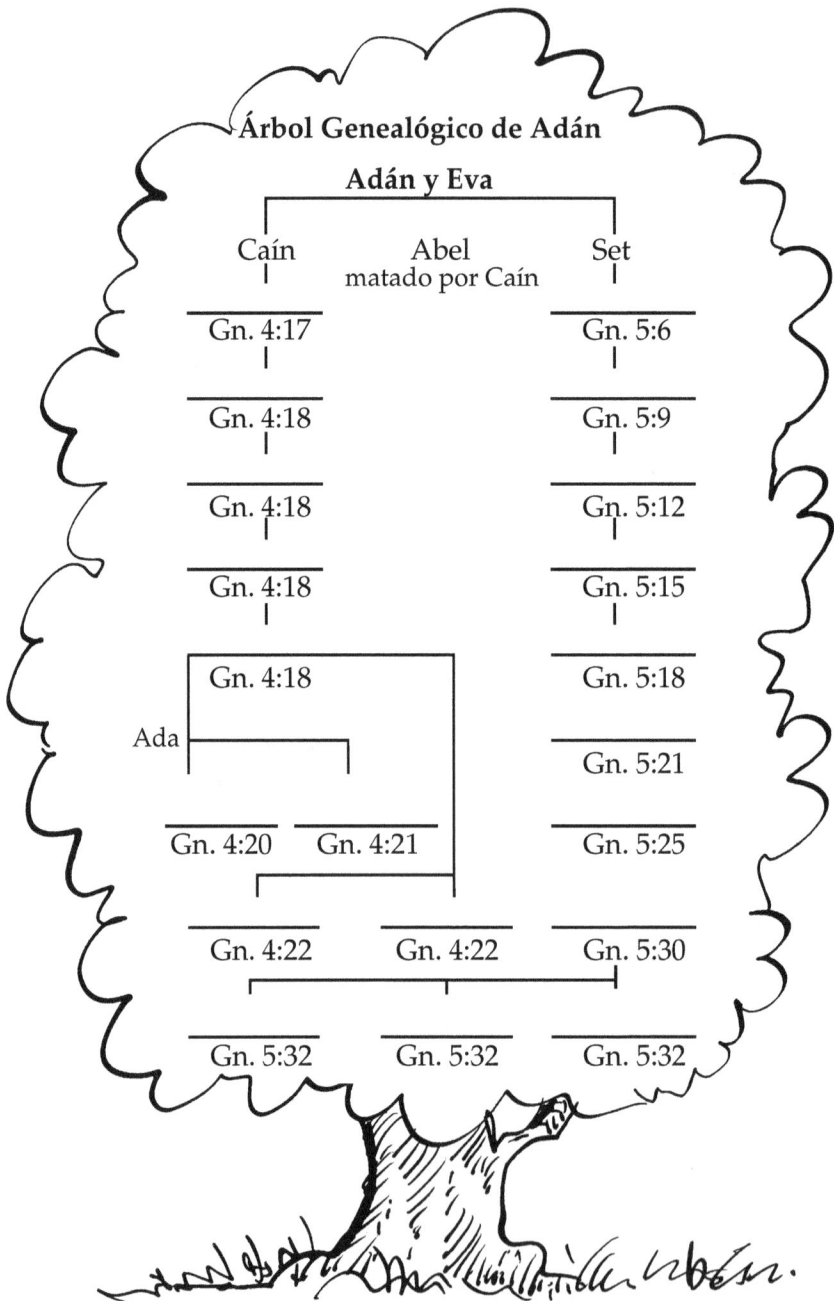

Árbol Genealógico de Adán

Adán y Eva

Caín	Abel matado por Caín	Set
Gn. 4:17		Gn. 5:6
Gn. 4:18		Gn. 5:9
Gn. 4:18		Gn. 5:12
Gn. 4:18		Gn. 5:15
Gn. 4:18		Gn. 5:18
Ada		Gn. 5:21
Gn. 4:20	Gn. 4:21	Gn. 5:25
Gn. 4:22	Gn. 4:22	Gn. 5:30
Gn. 5:32	Gn. 5:32	Gn. 5:32

¿QUÉ tenían ellos?

_____

Génesis 4:21 ¿A QUÉ se dedicaron los hijos de Jubal?

_____

Génesis 4:22 ¿A QUÉ se dedicó Tubal Caín?

_____

¡Asombroso! Las primeras personas fueron suficientemente listas para edificar ciudades. Ellos vivieron en tiendas, criaron ganado, tocaban instrumentos musicales e hicieron herramientas de bronce y de hierro. ¿Eso suena a los cavernícolas que has visto en la TV o en los libros? ¡Claro que no! El hombre no evolucionó y se hizo más inteligente a medida que pasó el tiempo y aprendía más. Dios creó al hombre y él tenía tanto habilidades como inteligencia.

¿Te muestra esto cuán peligroso puede ser obtener tus ideas de cómo era el hombre según el mundo? Necesitamos siempre revisar lo que el hombre nos enseña para ver si se alínea con lo que Dios nos dice en la Biblia. Sabemos que la Biblia es pura verdad. Es la Palabra de Dios y debemos tomar a Dios por Su Palabra, sin importar qué nos pueda decir el hombre. Necesitamos saber a QUIÉN le vamos a creer: a Dios o al hombre.

MIDIENDO NUESTRO HALLAZGO

¡Uf! ¡Qué calor hace hoy! Vamos donde Max a pedirle limonada para beber mientras nos dirigimos a la fosa. Ahora que hemos terminado de exponer nuestra pared de piedra, necesitamos medirla y registrar los resultados en nuestro diario. Así que toma esa cinta métrica y ve a la página 198. Leamos Génesis 4:25-26.

Génesis 4:25 ¿QUÉ hizo Eva?

_____

Génesis 4:26 ¿QUIÉN fue el hijo de Set?

_____

¿QUÉ pasó luego que Set tuvo su hijo?

_____

Mientras terminamos Génesis 4, podemos ver ahí un contraste entre Caín y sus descendientes y Set y sus descendientes

Para encontrar el contraste, echa un vistazo a Génesis 4:16.

¿QUÉ hizo Caín?
Salió de la _____

Génesis 4:23 Lamec, descendiente de Caín, siguió los pasos de Caín. ¿QUÉ hizo Lamec?

_____

Ahora mira los descendientes de Set nuevamente.
Génesis 4:26 ¿A QUIÉN invocaron?

_____

¿Ves el contraste, la diferencia entre la relación con Dios de los descendientes de Caín con la relación con Dios de los descendientes de Set?

Génesis 4:16 Caín s ___ ___ ___ ___ de la _____
del Señor.

Pero

Después que Enoc, hijo de Set nació, los hombres empezaron
a i ___ ___ ___ ___ ___ r el n ___ ___ ___ ___ ___ del Señor.

Ahora lee Génesis 5:1-32 y marca las siguientes palabras clave
y frase clave a continuación, junto con cualquier pronombre y
sinónimo correspondientes. Una frase clave es como una palabra
clave, excepto que es un grupo de palabras que se repiten en
lugar de solo una palabra, como "Lo hice". El grupo de palabras
"Lo hice" es una frase que se repite en lugar de solo una
palabra.

Adán (dibújalo con naranja)   Set (dibújalo con celeste)

Semejanza (imagen) (coloréala de morado)

"y murió" (frase clave, subráyala con café)

Génesis 5:1 ¿A semejanza de QUIÉN fue creado el hombre
(Adán)?

_____

Génesis 5:3 ¿A imagen y semejanza de QUIÉN fue creado
Set?

_____

¿QUÉ ocurrió con todos los hombres en el capítulo 5
excepto por Enoc?

_____

Génesis 5:23-24 ¿QUÉ ocurrió con Enoc?

_____

Ahora vamos a la página 198 y completemos el lado de Set en el
árbol genealógico al examinar Génesis 5:3-32 y haciendo una lista de
sus descendientes en el árbol de la página 90.

¡Vaya! Mira lo que has desenterrado en los primeros cinco capítulos de Génesis: la creación del mundo, el primer matrimonio, el primer pecado, el primer asesinato, la primera civilización y la primera genealogía. Has hecho un excelente trabajo.

Antes de ir a la hoguera para cantar con el equipo, ¿por qué no haces un árbol genealógico de tu familia? Pídele a tu mamá o a tu papá que te ayuden.

NECESITARÁS

Cartulina o láminas decoradas

Copias de fotos familiares

Bolígrafos o marcadores

Pegamento y tijeras

Cuando tengas todos tus materiales, dibuja un árbol genealógico en tu papel. Comienza con el nombre del familiar más antiguo que tus padres puedan recordar y luego comienza a hacer una lista de sus descendientes. Puedes usar el árbol genealógico que hicimos de Caín y Set como modelo. Asegúrate de dejar espacio sobre sus nombres para cualquier foto que tengas de tus ascendientes. Si no tienes fotos de algunos de los miembros de tu familia, entonces solo escribe sus nombres. Si tienes las fotos, pégalas arriba de sus nombres.

Al trabajar en tu proyecto, pídele a tu mamá o a tu papá que te digan algo que conozcan sobre sus ascendientes. ¿Eran agricultores, doctores o arquitectos? ¿Cuándo nacieron? ¿Conocen tus padres alguna historia de sus vidas? ¿Conocieron a Jesús? ¿Vivieron piadosamente? Luego una vez que termines, tendrás una historia de tu familia que podrás compartir con tus amigos y con tus hijos algún día.

5

CONTINUANDO NUESTRA EXPEDICIÓN

GÉNESIS 5-6

La semana pasada descubrimos nuestra pared de piedra, vimos que después que Adán y Eva salieron del huerto, ellos comenzaron a tener hijos. Su primogénito, Caín, escogió hacer las cosas a su manera. Él mató a su hermano, Abel y le dio la espalda a Dios. Otro hijo, Set, tuvo un hijo llamado Enós y los hombres comenzaron a invocar a Dios.

Entonces ¿quiénes eran esos hombres que invocaron a Dios? Al continuar nuestra expedición, queremos examinar de cerca dos de los descendientes de Set que invocaron a Dios, quiénes eran, cómo eran ellos y cómo era la tierra en sus tiempos.

MAPAS Y BRÚJULAS

"Oye, Silvia", llamó Max. "Apúrate. No puedo esperar para ir a ver al tío Jaime".

"Ya voy, Max. Es que no puedo encontrar mi zapato. Sé que puse mis dos zapatos justo por mi cama. ¿No crees que Chispa se lo llevó, verdad?"

"¿Cómo puedes decir eso? Mira esa carita", dijo Max. "¿Es esa la cara de un ladrón de zapatos?"

"Mmm", pensó Silvia al agacharse para fijarse en la cara de Chispa. Chispa dio un brinco, aprovechando completamente el momento para tomar a Silvia por sorpresa y darle una buena lamida en la cara. "Agh, Chispa, que asco. ¡Para!" Silvia reía mientras Chispa la derribó. "¡Haz que se detenga, Max!"

Sin parar de reír, Max comenzó a tirar de la correa de Chispa. "Está bien, amigo, eso es suficiente. La tomaste por sorpresa. Ahora, Silvia, prométele a Chispa que no dirás nada malo acerca de él".

"Lo prometo, lo prometo" respondió Silvia entre risas. "Ahora sácalo de encima".

Mientras Max arrastraba a un emocionado Chispa, él vio el zapato de Silvia detrás de la puerta de la tienda. "Ahí está tu zapato, justo detrás de la puerta".

"Hola, chicos". El tío Jaime se encontró con ellos a la puerta de la tienda. "Max, hablemos de tu restricción. El sr. Antonio dijo que trabajaste realmente duro la semana pasada y que hiciste todo lo que él te pidió sin quejarte. ¡Estoy muy orgulloso de ti! Ahora que se terminó tu restricción, ¿estás listo para una nueva aventura?

"¡Oh, no!" exclamó Max. "No otra aventura. Eso es lo que me metió en problemas la vez pasada".

Silvia y el tío Jaime se rieron de lo que dijo Max. "Max, no fue la aventura lo que te metió en problemas. Fuiste tú".

"Lo sé, tío Jaime" dijo Max riéndose. "Estoy listo. ¿Y tú, Chispa?" Chispa respondió con un pequeño ladrido y comenzó a agitar su cola.

"Está bien, chicos, entonces vámonos. Necesitamos encontrarnos con Alicia en la hoguera".

¿Qué hay de ti, pequeño arqueólogo? ¿Estás listo para una nueva aventura ahora que Max está de regreso en acción? Ya que el tío Jaime tiene todo el campamento avanzando en buena marcha, él nos llevará para que lo acompañemos mientras explora futuras ubicaciones. ¿No suena eso divertido? Alicia será nuestra guía, pero antes que empecemos necesitamos pedirle al "jefe de excavación" que nos guíe en nuestra nueva aventura, así como mantenernos a salvo.

Ora y luego ve a la página 198 y lee Génesis 5. La semana pasada hicimos un árbol genealógico de los descendientes de Adán por medio de Set.

Ahora regresa adonde marcaste la frase clave "y murió" en tu Registro de Observaciones y escribe junto a cada persona, la edad que tenía cuando murió.

¿QUÉ es inusual sobre estos hombres?

_____

¿Te diste cuenta? Todos estos hombres vivieron un tiempo muy largo antes que murieran. ¿Y CUÁNTOS años tenían cuando tuvieron a sus hijos? ¿Eran jóvenes, en sus 20s o 30s o eran más viejos?

_____

¿QUIÉN vivió la mayor cantidad de tiempo? _____

Génesis 5:22 ¿QUÉ hizo Enoc después de tener a Matusalén?

Enoc _____ con _____ por _____ años.

Génesis 5:24 ¿QUÉ pasó con Enoc?

_____

¿QUÉ significa esto? Lee Hebreos 11:5.

¿Murió Enoc? ___ Sí ___ No

¿POR QUÉ no?

_____

¿No es eso asombroso? Mira Judas 14-15 (¿Sabías que Judas solo tiene un capítulo? ¡Por eso no hay un número de capítulo antes del verso en Judas!)

¿QUÉ hizo Enoc?

_____

¿QUÉ profetizó? ¿Sobre QUÉ advirtió a la gente?

_____

Ahora hagamos una lista en nuestras notas de campo de lo que hemos descubierto sobre Enoc.

Enoc:

Génesis 5:24 Enoc _____ con _____ Dios.

Hebreos 11:5 Por la _____ Enoc fue _____ al cielo para que no viera _____.

Hebreos 11:5 Enoc _____ a Dios.

Judas 14-15 Enoc _____ juicio sobre todos, para _____ a todos los _____ de todas sus obras de _____.

La genealogía de Set en Génesis 5 nos muestra un hombre muy especial, Enoc. Sabemos que Enoc anduvo con Dios. Sabemos que él advirtió a los hombres impíos del juicio venidero de Dios. Y sabemos que por la fe Enoc agradó a Dios de tal manera, que Dios no dejó que él viera muerte. En lugar de eso, Dios lo tomó al cielo sin que muriera. ¡Increíble!

Ahora pregúntate a ti mismo: "¿Soy un Enoc?" Una manera que podemos caminar con Dios es estudiando Su Palabra, lo cual estás haciendo justo ahora. Estamos muy orgullosos de ti ¡y Dios lo está también!

Entonces ¿andas con Dios? ___ Sí ___ No

¿Le crees a Dios? Eso significa que debes tomar a Dios por Su Palabra.
¿Haces lo que Dios te dices que hagas? ___ Sí ___ No

¿Agradas a Dios? Nombra una manera en que agradas a Dios.

¡Muy bien! Ahora, antes de ir al Jeep para explorar ubicaciones con el tío Jaime y Alicia, necesitamos tomar nuestras brújulas. Practiquemos usando tu brújula para decodificar nuestro verso para memorizar de la semana. El primer espacio en blanco de cada palabra tiene un número debajo de sí mismo.

Encuentra el número en tu brújula y coloca la letra que está en el cuadro que tiene el número en el primer espacio en blanco. Usando la primera letra como punto de partida, sigue las direcciones de la brújula que están debajo del resto de los espacios en blanco en la palabra para hallar el resto de las letras de esa palabra. N=norte o arriba, S=sur o abajo, E=este o derecha, O=oeste o izquierda. NO, SO, SE, NE están en las diagonales. La primera palabra está hecha para ti.

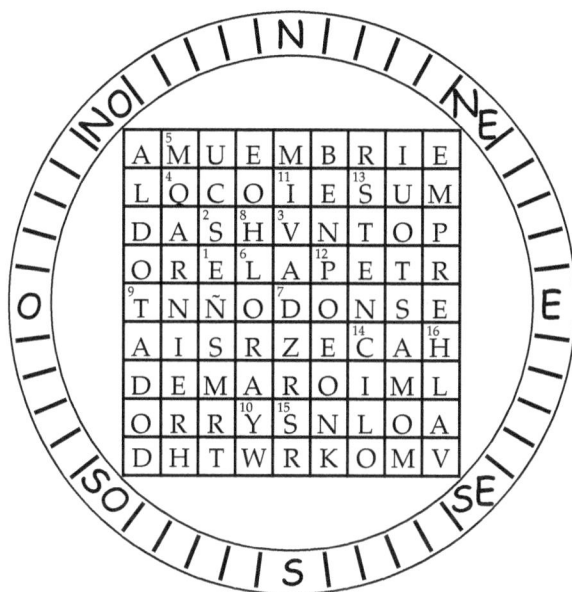

A	M	U	E	M	B	R	I	E
L	O	C	O	I	E	S	U	M
D	A	S	H	V	N	T	O	P
O	R	E	L	A	P	E	T	R
T	N	Ñ	O	D	O	N	S	E
A	I	S	R	Z	E	C	A	H
D	E	M	A	R	O	I	M	L
O	R	R	Y	S	N	L	O	A
D	H	T	W	R	K	O	M	V

(Números en el cuadro: 5=A, 4=O, 11=I, 13=S, 2=S, 8=H, 3=V, 1=E, 6=L, 12=P, 9=T, 7=D, 14=C, 16=H, 10=Y, 15=S)

E L
1 E   2 S S E S   3 N O   4 NE E   1 O N

5 E S SE SE   6 E   5 O S S E O   7 SE

6 S SO   8 N NE E E SO E   1 SO   6 E

9 SE S S E NE   10   4 NE E   9 N N E

11 SE E S S S S O S   7 SE   6 S SO

12 E S E S S O NO NE NE N NO   7 SE   13 E

14 SO O O NE NE E   1 O N   15 NE SE E

16 O O O SO   13 NE E S S S S   1 E   5 O S.

Génesis 6:___

LA AVENTURA COMIENZA

¡Hemos empezado! Tenemos nuestras brújulas y mapas. El sr. Antonio empacó nuestras provisiones de alimentos y tenemos nuestras linternas, sogas, tiendas y nuestro kit de primeros auxilios, por si acaso. Además tenemos la cámara para poder fotografiar las diferentes áreas. Estamos listos para comenzar nuestra aventura. Subamos al Jeep. Ve a la página 201 y lee Génesis 6.

La mejor manera de comenzar es marcando nuestro mapa (nuestro Registro de Observaciones) al buscar las siguientes palabras clave:

Señor (Dios) (dibuja un triángulo morado y coloréalo de amarillo)

Noé (coloréalo de azul) tierra (coloréala de café)

carne (subráyala de rosado) destruir (dibújalo con negro)

pacto (coloréalo de rojo y enciérralo en un cuadro amarillo)

Dios mandó (subráyalo tres veces)

Ahora que hemos marcado nuestro mapa, hagamos una lista de Noé en nuestras notas de campo en la siguiente página.

NOTAS DE CAMPO

Noé:

Génesis 6:8 Noé _____ _____ ante los _____ del _____.

Génesis 6:9 Noé era un hombre _____.

Noé era _____ entre sus contemporáneos.

Noé siempre _____ con _____.

Génesis 6:10 Noé _____ tres _____: _____, _____ y _____.

Génesis 6:22 Noé hizo todo conforme lo que _____ le había _____.

Ahora compara Noé con Enoc. ¿En qué se parecen?

_____

Enoc y Noé caminaron con Dios y Le agradaron. ¿Por qué no agradas a Dios al practicar tu verso para memorizar, mientras andamos en el Jeep? Nada agrada a Dios más que cuando nosotros conocemos Su Palabra y la tenemos escondida en nuestros corazones.

SIGUIENDO NUESTRO MAPA

Ayer marcamos nuestros mapas y descubrimos algunas cosas muy especiales sobre Noé. Aprendimos que Noé halló gracia ante Dios. Él era un hombre justo e intachable que caminaba con Dios. ¿Significa eso que Noé no era un pecador? No, eso no quiere decir. Recuerda, una vez que Adán y Eva pecaron, el pecado entró al mundo. Todos nosotros nacemos pecadores. Noé era justo porque él tenía una relación correcta con Dios. Noé había puesto su fe en Dios y en la promesa de que Dios enviaría un redentor para salvarlo de sus pecados.

Cuando aceptamos a Jesús como nuestro Salvador, Dios nos ve como justos porque una vez que entregamos nuestras vidas a Jesús, Dios mira la justicia de Jesús, no nuestro pecado. Nos da una relación correcta con Dios.

Ahora echemos otro vistazo a Génesis 6, para ver cómo era el resto de la gente en la tierra, en los tiempos de Noé.

Ve a la página 201 de tu Registro de Observaciones de Génesis 6.

Haz una lista de todo lo que aprendas sobre la tierra y Dios en tus notas de campo.

NOTAS DE CAMPO

Tierra:

Génesis 6:1 Los _____ comenzaron a _____ sobre la superficie de la tierra y les nacieron _____.

Génesis 6:4 Había _____ en la tierra.

Génesis 6:5 La _____ de los hombres era mucha sobre la tierra.

Génesis 6:11 La tierra se había _____ delante de Dios y estaba llena de _____.

Dios (Señor):

Génesis 6:3 Mi _____ no _____ para siempre con el hombre.

Génesis 6:5 El Señor vio que la _____ de los hombres era mucha sobre la _____.

Génesis 6:6 Al _____ Le _____ haber_____ al hombre. Él sintió _____ en Su _____.

Génesis 6:7 El Señor dijo: "_____ de

la superficie de la tierra al _____ que he _____, desde el hombre hasta el _____, los _____ y las _____ del cielo, porque Me _____ haberlos hecho.

Génesis 6:13 Voy a _____ junto con la tierra.

Génesis 6:17 Yo traeré un _____ sobre la tierra, para destruir toda _____.

Génesis 6:18 Pero estableceré Mi _____ contigo.

Ahora encuentra todas las respuestas que colocaste en los espacios en blanco en tus listas y enciérralas en la sopa de letras a continuación. Algunas respuestas pueden usarse más de una vez, pero solo necesitas encerrarla una vez.

R	M	U	L	T	I	P	L	I	C	A	R	S	E	E
E	S	P	I	R	I	T	U	M	A	V	E	S	W	D
P	S	C	R	E	A	D	O	C	N	P	B	T	V	E
T	S	M	Q	L	U	C	H	A	R	A	V	R	I	S
I	G	A	N	A	D	O	Z	R	X	C	C	I	O	T
L	D	L	H	C	H	J	K	N	L	T	S	S	L	R
E	G	D	O	O	E	I	G	E	H	O	E	T	E	U
S	J	A	M	R	C	A	J	S	D	F	Ñ	E	N	I
S	H	D	B	A	H	U	I	A	O	P	O	Z	C	R
G	P	M	R	Z	O	E	R	T	S	Y	R	A	I	L
J	E	N	E	O	T	I	E	R	R	A	Q	W	A	O
Q	S	C	S	N	V	B	G	I	G	A	N	T	E	S
C	O	R	R	O	M	P	I	D	O	J	K	L	Z	X
D	I	L	U	V	I	O	H	B	O	R	R	A	R	E
P	E	S	A	T	Y	U	I	H	O	M	B	R	E	T

EXPLORANDO EL ÁREA

"Vaya, tío Jaime, mira esas montañas" exclamó Silvia cuando el Jeep se detuvo frente a una pequeña aldea.

"Oh, cielos, seguro me gustaría escalar montañas", opinó Max. "Eso sería espectacular".

"Espera, Max" dijo el tío Jaime con un guiño, "no te hagas ilusiones". Alicia y Silvia se rieron. "No me las haré", dijo Max. "Pero ¿crees que podríamos hacer una pequeña excursión?"

"¿Qué piensas al respecto, Alicia?" preguntó el tío Jaime.

"He hecho senderismo en esta área antes y es bastante seguro", respondió Alicia. "Pero será mejor que empecemos a explorar el área primero. El lugar que querías revisar se encuentra a una milla al noroeste".

"Grandioso. Silvia, ¿qué te parece si utilizas tus habilidades con la brújula y nos indicas la dirección correcta?"

"¡Me parece muy bien!"

"Entonces, guía el camino".

¿Tienes lista tu brújula, arqueólogo novato? Apúntala hacia el noroeste y ve a la página 201. Nuestro cuidadoso estudio de Génesis 6 el día de ayer, nos ha mostrado que mientras Noé anduvo con Dios, el resto de la tierra estaba llena de maldad y violencia. Leamos Génesis 6:1-22.

Génesis 6:3 ¿QUÉ hará Dios con los días del hombre?

_____

¿POR QUÉ?

_____

Génesis 6:5 ¿QUÉ aprendemos del hombre?

_____

Génesis 6:6 ¿CÓMO se sentía Dios respecto al hombre?

_____

Génesis 6:7 ¿QUÉ haría Dios?

_____

¿Se sentía Dios de la misma manera respecto a Noé? Mira Génesis 6:8 para encontrar tu respuesta.

_____

Génesis 6:12 ¿QUÉ ves sobre la carne y la tierra?

_____

Génesis 6:7, 13 ¿POR QUÉ destruirá Dios la tierra?

_____

_____

Génesis 6:14 ¿QUÉ le dice Dios a Noé que haga?

_____

Génesis 6:17 ¿CÓMO destruiría Dios toda carne?

_____

Génesis 6:18-22 ¿Borrará Dios a Noé?
__ Sí __ No

Génesis 6:18 ¿QUÉ hará Dios con Noé?

_____

Génesis 6:18 ¿QUIÉN entrará en el arca?

_____

_____

Génesis 6:9 ¿POR QUÉ escaparán Noé y su familia del diluvio?

_____

_____

Génesis 6:18-21 ¿QUÉ debe meter Noé en el arca?

_____

_____

Génesis 6:22 ¿Obedeció Noé a Dios?
___ Sí ___ No

Dios juzgaría al mundo por su maldad. La tierra y toda carne en ella estaba tan corrompida que Dios se dolió y le pesó haber hecho al hombre, excepto por un hombre, Noé y su familia. Hagamos algunas referencias cruzadas para hallar más sobre Noé y qué tiene la Palabra de Dios que decir sobre el juicio.

Busca y lee 2 Pedro 2:5. ¿QUIÉN era Noé?

_____

Hebreos 11:7 ¿CÓMO preparó Noé el arca para salvación? Por la ___ ___.

Mateo 24:37-39 ¿QUÉ sucedía en los días de Noé antes del diluvio?

_____

_____

¿Nos advierte Dios que Él enviará el juicio? Mira a Enoc. Él profetizó sobre el juicio venidero antes que Dios se lo llevara.

Mira a Noé. Él era un pregonero de justicia. Él advirtió a la gente sobre el juicio venidero del diluvio. Ahora mira la Palabra de Dios. Lee 2 Pedro 3:5-11.

¿Está Dios advirtiendo sobre un juicio venidero?
___ Sí ___ No

2 Pedro 3:9 ¿Desea Dios que la gente perezca?
___ Sí ___ No

¿CUÁL es el deseo de Dios?

_____

2 Pedro 3:11 ¿CÓMO debes ser tú?

_____

Dios nos ama. Él quiere que nos arrepintamos y nos volvamos a Él. Aquellos que se arrepienten (cambian su actitud y por tanto se apartan de su pecado y ponen su fe en Él) serán salvos.

¿Sabías que hay otro juicio en camino? Un día Dios juzgará la tierra de nuevo. El pasaje que acabamos de ver en Mateo 24:37-39 y el pasaje en 2 Pedro 3:5-11 advierten de la venida del Hijo del Hombre (la segunda venida de Jesús). La primera vez que Jesús vino a la tierra fue para salvarnos. La próxima vez que Él venga será como juez. Pero aquellos que Le pertenecen serán salvos de ese juicio así como Noé y su familia fueron salvados del juicio del diluvio.

¿QUÉ hay de ti? ¿Crees que el juicio se acerca? ¿Estás listo?

¿CÓMO te describiría Dios, sin tacha y justo o lleno de maldad?

_____

¿Estás viviendo una vida de fe como Noé?
___ Sí ___ No

Recuerda, Dios no quiere que nadie perezca. Vive tu vida para Él y comparte tu fe con otras personas.

BUSCANDO PISTAS

"¿Lo estoy haciendo bien, tío Jaime?" preguntó Silvia mientras guiaba al grupo hacia un área de árboles.

"Lo haces genial. Estamos justo en camino. Max, ¿puedes decirme cuánto hemos caminado aproximadamente?"

"Creo que hemos avanzado tres cuartos de milla" respondió Max al revisar su medidor.

"Buen trabajo. Solo nos falta un poco para llegar. ¿Por qué no empiezan los dos a revisar los alrededores para ver si hay alguna pista que nos indique si hubo gente que vivió aquí en el pasado?"

"¡De acuerdo! Vamos, Chispa. Comienza a olfatear. ¿Vienes, Silvia?"

"Claro que sí", dijo Silvia riéndose.

Comencemos. Estudiar Génesis 6 nos ha mostrado cuánto cambió el pecado al mundo perfecto de Dios. La gente se hizo tan malvada y llena de violencia que Dios se dolió y le pesó haber creado al hombre. Ahora Él enviaría un horrible juicio para destruir toda carne en la tierra excepto por un hombre justo y su familia.

Hoy al regresar a Génesis 6 en la página 203, echaremos un vistazo a las instrucciones de Dios para Noé. Lee Génesis 6:13-22 y haz una lista de todas las instrucciones que Dios da a Noé en tus notas de campo.

NOTAS DE CAMPO

Instrucciones de Dios para Noé
Génesis 6:14 Hacer un _____

¿QUÉ clase de madera? _____

¿CUÁNTOS cuartos, uno o varios?_____

¿QUÉ haría al arca a prueba de agua?_____

_____

Génesis 6:15 ¿De qué tamaño debía ser el arca?

_____

¿QUÉ tan larga? _____

¿QUÉ tan ancha?_____

¿QUÉ tan alta?_____

Génesis 6:16 ¿Tenía alguna ventana? Si es así, ¿CUÁNTAS y DÓNDE estaban ubicadas?

_____

¿QUÉ hay de las puertas? _____

¿CUÁNTOS pisos? _____

Génesis 6:18 ¿QUIÉN entraría al arca?

_____

Génesis 6:19-21 ¿QUÉ le dijo Dios a Noé que metiera en el arca?

_____

Ahora conviértete en el artista de la excavación al leer las instrucciones de Dios para Noé y haz un dibujo de cómo se vería el arca en el cuadro a continuación.

Algunas personas dicen que no es posible que todos esos animales entraran en el arca o que el arca se hubiera volteado ante la intensidad de las aguas del diluvio. Veamos nuestras notas de campo a continuación sobre el plan maestro de Dios.

NOTAS DE CAMPO

El Plan del Maestro

Dios le dijo a Noé que construyera el arca de 300 codos de longitud, 50 codos de anchura y 30 codos de altura. Un codo es aproximadamente 45 cm, lo cual significa que el arca era aproximadamente 135 metros de largo por 22,5 metros de ancho y 13,5 de alto. Tenía alrededor de 8.825 metros cuadrados de espacio en el interior.

¿Tienes idea de qué tan grande es eso? Si tuvieras que observar a un tren pasar contando vagones, tendrías que ver pasar 520 vagones para igualar el tamaño del arca. Era cerca del tamaño de una cancha y media de fútbol. Y era tan alta como un edificio de cuatro pisos y medio. El arca probablemente fue diseñada como una caja, en lugar de ser curva como lo ves en libros.

¿Cuántos animales crees que podrían entrar en 520 vagones?

¿Notaste que Dios le dijo a Noé que metiera dos de cada *especie*? Una especie sería como un perro, un gato, un ave, etc. Dios quería que Noé metiera un perro macho y una hembra, un gato macho y una hembra, etc. No un macho y una hembra de cada tipo de perro o gato, como un Poodle, un Beagle, un Cocker Spaniel, etc.

El arca era tan grande que había bastante espacio para todos los animales, reptiles y aves, ¡incluso dinosaurios! Todos los seres vivos de Dios solo ocuparían la mitad del espacio del piso del arca. Ahora necesitamos agregar a Noé, su familia, los animales que fueron usados para el sacrificio y la comida al otro lado del piso. ¿Eso llenaría el otro lado del arca? ¡De ninguna manera! Habría bastante espacio de sobra.

Un hombre llamado Peter Jansen que vivió en Holanda construyó un modelo del arca usando las proporciones en la Biblia. Su modelo del arca mostró que el arca era adecuada para navegar y casi imposible de voltear. El arca estaba construida para flotar (como una barcaza gigante). También estaba diseñada de tal modo que podía soportar las gigantescas olas del diluvio.

¡Asombroso! Dios, nuestro Diseñador Maestro, diseñó la embarcación perfecta para rescatar a Su gente de las tormentas del diluvio.

Echa otro vistazo a Génesis 6:22: *"Así lo hizo Noé; conforme a todo lo que Dios le había mandado, así lo hizo"*. Dios diseñó la embarcación perfecta. Él le dijo a Noé qué hacer y ¿qué sucedió? Noé obedeció. Por la fe Noé confió en Dios para saber qué era lo mejor para su vida. Él siguió el plan de Dios.

¿Confías en Dios para saber qué es lo mejor para ti?_____

¿Sigues Sus planes o insistes en hacer lo que te parece mejor a ti? _____

¿QUÉ hubiera sucedido si Dios te hubiera dado los planos del arca?

_____

_____

Sé como Noé. Sigue el plan de Dios. ¡Él te ama y solo quiere darte lo mejor de Él!

¿Recordaste decirle tu verso para memorizar de esta semana a un amigo o a un adulto? ¡Grandioso! Vamos hacia las montañas. ¡Es tiempo de hacer senderismo!

6

EXTRAYENDO LA EVIDENCIA

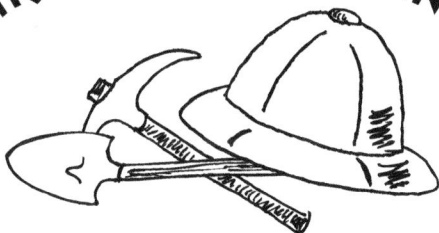

GÉNESIS 7

Esa fue una gran expedición la semana pasada. El tío Jaime fue capaz de obtener muchas fotos que lo ayudarán a ubicar otros sitios de excavación. Ahora que sabemos que Dios juzgará al mundo con un diluvio, necesitamos regresar a la fosa y descubrir qué sucede luego. ¿QUÉ otras instrucciones da Dios? ¿Y CUÁNTO durará el diluvio?

¡Así que toma esas palas y regresa a la fosa!

PRIMER DÍA

MARQUEMOS NUESTROS MAPAS

"Me encantó haber caminado por esos senderos montañosos. ¡Fue tan genial!" contó Max a Silvia al dirigirse a la fosa.

"Lo sé. Fue muy divertido. Pero no puedo esperar para estar de regreso en la fosa con el equipo de excavación".

"Yo tampoco, especialmente porque me perdí el descubrimiento de la pared. ¿Qué tal una carrera hacia la fosa?" Tan pronto como Max terminó esta pregunta, él gritó: "¡Ahora!" y desapareció en un instante.

113

"Oye, no es justo", gritó Silvia al salir detrás de él.

Después que corras con Max y Silvia hasta la fosa, ve a la página 204 y lee Génesis 7. Necesitamos marcar nuestros mapas al buscar las siguientes palabras clave. Asegúrate de marcar todo lo que te indique cuándo pasó algo con un reloj verde como este:

Señor (Dios) (dibuja un triángulo morado y coloréalo de amarillo)

Noé (coloréalo de azul) tierra (coloréala de café)

Carne (subráyala de rosado) borrar exterminar (enciérralo de negro)

Dios mandó (subráyalo tres veces) diluvio

Todo(s)/toda(s) (coloréalo de verde, enciérralo en un cuadro amarillo)

Y las aguas prevalecieron (enciérrala en rojo)

Ahora que tienes marcado Génesis 7, vamos a desenterrar el verso para memorizar de esta semana, usando nuestras habilidades matemáticas. ¿No crees que Noé debió haber tenido buenas habilidades matemáticas para seguir las instrucciones de Dios para construir el arca? Los arqueólogos necesitan buenas habilidades matemáticas también para poder medir el sitio de excavación, saber cuán lejos y cuán profundo excavar y para asegurarse que sus registros son precisos.

Así que afina esas habilidades matemáticas. Desentierra tu verso para memorizar viendo las pistas bajo los espacios en blanco que están después de tu tarjeta de notas de investigación. Cada espacio en blanco tiene un problema matemático debajo de él. Resuelve este problema y encuentra la respuesta en tu tarjeta de notas de investigación. Escribe la letra que corresponda con la respuesta correcta en tu tarjeta en el espacio en blanco. Por ejemplo, si el problema matemático es 5x7, mira tu tarjeta de notas de investigación y encuentra el 35, la respuesta correcta al problema matemático 5x7. Luego escribe la letra que corresponda al 35, que es la T, en el espacio en blanco que tiene 5x7 debajo de él.

Notas de Investigación

A=6	B=8	C=10	D=12	E=14	F=16	G=18
H=9	I=15	J=21	K=24	L=27	M=20	N=28
Ñ=26	O=36	P=44	Q=48	R=25	S=30	T=35
U=40	V=45	W=50	X=55	Y=60	Z=49	

___ ___   ___ ___ ___ ___ ___ ___   ___ ___ ___ ___ ___ ___ ___ ___ ___ ,

8+6   9x3   10x3   7x2   13x2   22+14   5x5   7+7   5x11   7x5   9+5   19+6   5x4   3x5   14x2   12x3

pues, ___ ___ ___   ___ ___ ___ ___   ___ ___ ___ ___ ___ ___ ___ ___ ___

     18+17   9x4   4x3   18x2   5x6   21-7   18+7   9x5   9+6   15+30   4+11   25-11   7x4   23+12   22-8

que había sobre la ___ ___ ___ ___ ___ ___ ___ ___ ___ ___ de la tierra.

     10x3   8x5   11x4   7x2   32-7   4x4   21-6   4+6   19-4   28-14

Desde el ___ ___ ___ ___ ___ ___ hasta los ___ ___ ___ ___ ___ ___ ___ ,

     3x3   28+8   10x2   2x4   17+8   2x7   6x3   3x2   36-8   12-6   6x2   4x9   22+8

los ___ ___ ___ ___ ___ ___ ___ ___ y las ___ ___ ___ ___ del cielo,

   12+13   6+8   36+8   29+6   9+6   19+8   10+4   12+18   13-7   34+11   7x2   24+6

fueron ___ ___ ___ ___ ___ ___ ___ ___ ___ ___ ___ ___ de la

     7+7   48+7   41-6   2x7   16+9   4x5   9+6   15+13   3+3   4x3   3x12   14+16

___ ___ ___ ___ ___ ___ . Sólo quedó ___ ___ ___ y los que

43-8   5x3   18-4   5x5   34-9   2+4   4x7   6x6   7+7

___ ___ ___ ___ ___ ___ ___ con él en el ___ ___ ___ ___ .

9+5   41-11   25+10   3x2   4x2   1+5   31-3   14-8   31-6   5x2   3+3.

Génesis 7:___

¡Fantástico! No olvides escribirlo y decirlo en voz alta tres veces hoy. ¡Eres un genio de las matemáticas!

¿Llamas a eso trabajar?

CIRNIENDO LA TIERRA

¡Buenos días! Vamos a vernos con Ana, nuestra científica del suelo. Ahora que hemos marcado nuestros mapas, necesitamos cernir la tierra donde cavamos ayer en la fosa. Necesitamos asegurarnos que no estamos perdiendo ningún pequeño hallazgo al continuar con Génesis 7. Pídele a Ana un tamiz y ve a la página 204 de tu Registro de Observaciones y lee Génesis 7.

La semana pasada vimos las instrucciones de Dios para Noé, vimos que Dios le dijo a Noé que metiera a su familia; a dos de cada ser vivo en la tierra, un macho y una hembra y alimento para ellos. Ahora veamos el resto de las instrucciones que Dios dio a Noé en Génesis 7.

Génesis 7:1 ¿QUÉ le dijo Dios a Noé que hiciera?

_____

Génesis 7:2 ¿QUÉ le dijo Dios a Noé que tome consigo?

_____

¿CUÁNTOS animales limpios?

_____

¿CUÁNTOS animales inmundos?

_____

¿CUÁNTAS aves?

_____

¿QUÉ quiso decir Dios con animales "limpios" e "inmundos"? Has desenterrado un pequeño hallazgo. Revisa tu tarjeta de investigación a continuación para descubrir qué quiere decir Dios con animales "limpios" e "inmundos".

"LiMPiOS" E "iNMUNDOS": ¿CUAL ES LA DiFERENCiA?

¿POR QUÉ Dios dice que algunos animales son "limpios" y otros son "inmundos"? ¿Hay animales que son más sucios que otros? No. Dios llama a los animales "limpios" o "inmundos" por el tipo de animal que era.

Entonces ¿QUÉ hace que un animal sea "limpio" o "inmundo"?

Los animales "limpios" rumian y tienen pezuña hendida.

Los animales "inmundos" no rumian o no tienen pezuña hendida.

¿POR QUÉ importaba si un animal era "limpio" o "inmundo"?

El pueblo de Dios solo podía comer y sacrificar los animales que eran "limpios". Luego, después del diluvio, Dios entrega la Ley a los judíos explicando qué animales son "limpios" y qué animales son "inmundos". Para descubrir más sobre los animales "limpios" e "inmundos", puedes leer Levítico 11 y Deuteronomio 14.

Génesis 7:4 ¿QUÉ iba a enviar Dios?

_____

¿Había llovido antes en la tierra? Echa un vistazo atrás en Génesis 2:5.

_____

Entonces ¿alguna vez había visto Noé la lluvia?

_____

Sin embargo, él creyó lo que Dios dijo. ¡Vaya fe! No hay duda de por qué Dios lo llamó un hombre justo.

Génesis 7:4 ¿CUÁNDO le dice Dios a Noé que lloverá?

_____

¿POR CUÁNTO tiempo?

_____

Génesis 7:4 ¿QUÉ pasaría cuando Dios enviara la lluvia?

_____

¿Es esta una lluvia ordinaria?

_____

¿Sabes qué significa la palabra _exterminar_? La palabra hebrea para exterminar es _maká_. Quiere decir "borrar, quitar, ser eliminado, ser destruido".

Veamos la palabra hebrea para _diluvio_, _mabbúl_. Significa "diluvio, inundación". Busca la palabra _inundación_ en tu diccionario. ¿QUÉ significa?

_____

Al examinar el significado de estas palabras, podemos ver que Dios no está enviando una lluvia ordinaria. Dios enviará una gran inundación que arrasará y anegará la tierra de agua. Será una catástrofe tan grande que literalmente quitará y destruirá todo ser vivo en la tierra.

> Génesis 7:8-9, 15 ¿CÓMO entraron todos los animales al arca? ¿Tuvieron que salir Noé y su familia y tomar una pareja de cada uno?

> Génesis 7:16 ¿QUÉ ocurrió después que toda carne entró en el arca como Dios mandó?

¡Eres un gran tamizador! Ahora regresa al campamento y sácate toda la tierra adicional de tu rostro. Oh y no te olvides de Chispa. Está hurgando en su hoyo de tierra. ¡Qué desastre! ¡Él es un animal inmundo!

RECONSTRUYENDO LA ESCENA

"Oye, Silvia, date prisa" exclamó Max mientras se apresuraba dentro de la tienda. "El sr. Antonio nos dejará ayudarlo a hacer el desayuno sobre la hoguera al aire libre esta mañana".

"¿En serio, Max?" Silvia saltó de la cama y corrió hacia su equipaje. "Solo me tomará un minuto. No empieces sin mí; ya salgo". Las palabras sin aliento de Silvia se precipitaban unas sobre otras, mientras ella se movía alrededor de la tienda tratando de encontrar su ropa y su equipo.

"Ummm, Silvia, ¿estás segura de salir viéndote así?" dijo Max riéndose, mientras Silvia salió del vestuario. "Tus bermudas están al revés".

"Está bien, sabiondo", dijo Silvia resoplando con enojo, "solo sal de la tienda. Nos veremos en la hoguera".

¿Podrías darte prisa? ¡Estoy hambriento!

Entonces, arqueólogo novato, ¿estás con tu ropa bien puesta hacia fuera y listo para ayudar a cocinar el desayuno del equipo al aire libre? Al comenzar a voltear los panqueques y freír el tocino (cuidado con Chispa), necesitamos regresar a Génesis 7. Pero no olvides hablar con tu "jefe de excavación" primero.

Ayer, cuando cernimos la tierra, lo último que vimos fue que Dios cerró la puerta del arca detrás de Noé. Hoy necesitamos reconstruir lo que sucedió. Mira tu Registro de Observaciones y encuentra todos los lugares que marcaste con un reloj verde, para descubrir cuándo comienza la lluvia, cuánto durará y cuál es la edad de Noé. Ve a la página 204 y lee Génesis 7.

Génesis 7:6 ¿CUÁL era la edad de Noé cuando llegó el diluvio?

_____

Ahora piensa en esto: Noé fue un predicador que advirtió a la gente sobre el diluvio venidero y sabemos que no había llovido anteriormente sobre la tierra. ¿Crees que la gente se burlaba de Noé durante el tiempo que le tomó construir el arca?

_____

¿Evitaron sus burlas que Noé obedeciera a Dios?

_____

¿QUÉ hay de ti? ¿Te molestan los niños y se burlan de ti por creer en Dios, por leer tu Biblia y por ir a la iglesia? ¿Te molestan cuando les dices que no usen palabras vulgares o que no vean películas inapropiadas?

_____

¿Pueden los niños de tu escuela ver una diferencia en ti?

_____

¿Cedes ante la presión de ellos y hablas como ellos, vistes la ropa que ellos piensan que se ve bien y ves películas que sabes que son malas o permaneces firme como lo hizo Noé?

_____

Ahora regresemos al arca. Noé tiene 600 años y Dios ha cerrado la puerta.

Génesis 7:11 ¿En QUÉ mes y en QUÉ día envió Dios el diluvio? El mes _____ y el día

_____ .

Génesis 7:12 ¿POR CUÁNTO tiempo cayó la lluvia?

_____

¿CUÁNTOS meses es eso?

_____

Génesis 7:24 ¿CUÁNTO tiempo prevaleció el agua sobre la tierra?

_____

¿A CUÁNTOS meses equivale eso?

_____

Génesis 7:11 ¿QUÉ sucedió que dio inicio al diluvio?

Se _____ todas las _____ del

_____ _____ y las _____

del _____ fueron abiertas.

Génesis 7:17-18 ¿QUÉ le hizo el agua al arca?

_____

Génesis 7:19-20 ¿QUÉ cubrió el agua?

_____

Génesis 7:21-22 ¿QUÉ ocurrió con toda carne que se movía sobre la tierra?

_____

Génesis 7:23 ¿QUIÉN sobrevivió?

_____

El juicio de Dios ha caído y Noé es salvado por su fe. Mañana echaremos otro vistazo al verso 11 y a CÓMO sucedió el diluvio. Ahora, ¿QUÉ necesitas antes de hacer los malvaviscos? ¡Practica tu verso de memoria para que se te quede bien guardado! Y ten cuidado con esos malvaviscos, no querrás que Chispa se coma los tuyos. ¡Le encantó tu tocino en el desayuno!

CAVANDO PROFUNDAMENTE

¡Levántate y resplandece! Es hora de regresar a la fosa. ¿Qué descubriremos hoy? Con toda esa excavación, quizás nos topemos con otro hallazgo pronto.

Ayer vimos Génesis 7:11 y notamos que el diluvio comenzó por el rompimiento de las fuentes del gran abismo y por la apertura de las compuertas de los cielos. Ahora tratemos de descubrir qué significa eso. Echa un vistazo a la tarjeta de investigación de Max y Silvia, que te muestra exactamente qué significan estas palabras en el idioma hebreo.

Fuentes: *mayán*, significa "una fuente".

Abismo: *Tejóm*, significa "lo profundo, océanos, abismos".

Se rompieron: *bacá*, significa "hender, partir, abrir brecha, dividir, desgarrar, rasgar".

Compuertas: *Arubbá*, significa "ventana, chimenea, compuerta".

Cielos: *shamáyim*, significa "arriba, el cielo, alturas, cielos".

Qué increíble vista debió haber sido, Dios desgarrando el fondo de lo profundo (los océanos), para que las fuentes como manantiales se precipitaran hacia el mar, mientras que al mismo tiempo Dios abría las compuertas de las aguas del cielo.

¿Alguna vez has visto las Cataratas del Niágara en la TV o en un libro? ¿Puedes imaginar a Dios enviando hacia abajo enormes cortinas de lluvia desde el cielo como las Cataratas del Niágara?

Trata de dibujar en el cuadro a continuación cómo crees que pudo haberse visto cuando Dios rompió el gran abismo y abrió las compuertas del cielo.

¿Sabías que algunas personas no creen que hubo un diluvio global? Ellos creen que solo fue un diluvio local.

¿QUÉ dijo Dios que fue cubierto en Génesis 7:19?

_____

¿Dijo que se cubrieron todas las montañas o solo algunas de las montañas?

_____

Veamos una referencia cruzada para ver qué dicen otros pasajes de las Escrituras. Echa otro vistazo a Mateo 24:38-39.

¿QUÉ se los llevó a todos?

_____

¿Se llevó a algunos o se los llevó a todos?

_____

Busca 2 Pedro 3:3-7.

2 Pedro 3:6 ¿QUÉ fue destruido por agua?

_____

Cuando alguien usa la palabra *mundo*, ¿piensas en una ciudad, un estado, un país o en todo el mundo?

_____

¿Sabías que cientos de tradiciones sobre el diluvio han sido transmitidas a lo largo de los siglos? Las naciones de cada continente tienen historias sobre un gran diluvio. Si el diluvio hubiera sido solamente local, ¿por qué todos estos diferentes continentes tienen historias sobre un gran diluvio que ocurrió?

Viendo nuestras observaciones de Génesis y otros pasajes de las Escrituras, ¿crees que el diluvio fue global o solo un diluvio local? _____

Una razón por la cual algunas personas creen que el diluvio fue local en lugar de global es porque ellos dicen que si toda el agua fue exprimida de las nubes solo incrementaría el nivel del mar 1,27 cm. Ellos no creen que había suficiente agua en las nubes para causar un diluvio global. Y ellos dicen que si hubiera habido suficiente agua, ¿adónde hubiera ido el agua después del diluvio?

Los científicos que son cristianos y creen lo que la Palabra de Dios dice, han ideado diferentes modelos científicos (ideas) sobre cómo el diluvio pudo haber ocurrido. Una idea es que un meteorito pudo haber impactado la tierra. Algunos científicos creen que solía haber una especie de envoltura de agua sobre la tierra y que esta colapsó. Y otro modelo científico fue introducido en 1994 por tres geólogos: Steven Austin, Andrew Snelling y Kurt Wise, junto con tres geofísicos, John Baumgardner, D. Russell Humphreys y Larry Vardiman,que explica que un diluvio global pudo haber sucedido por placas tectónicas. ¿QUÉ es este modelo científico llamado placas tectónicas?

Vamos a averiguarlo. Pero antes de revisar esta idea, necesitamos ver CÓMO Dios hizo la tierra. La tierra está hecha de tres capas: el núcleo, el manto y la corteza.

Toma una manzana y pídele a mamá o a papá que te ayude a cortar la manzana por la mitad. Cortarla por la mitad te dará un modelo para ayudarte a ver CÓMO está formada la tierra. O puedes hacer un modelo de la tierra usando plastilina. La tarjeta de investigación de Silvia y Max a continuación puede mostrarte cómo hacer un modelo de plastilina.

MATERIALES QUE NECESITARÁS

Tres diferentes colores de plastilina

Un pedazo de hilo de 60 cm. de longitud

Haz una pequeña bola usando uno de tus colores de plastilina.

Luego toma otro color de plastilina y envuélvelo alrededor de tu bola pequeña para hacer una bola más grande. Deberá ser una capa bien gruesa.

Luego toma tu último color de plastilina y envuélvela alrededor de tu bola. Que esta capa sea bastante fina.

Templa el hilo entre ambas manos y pásalo por la mitad de la bola de plastilina para cortarla a la mitad. Ahora podrás ver las tres capas de tu tierra.

Veamos las diferentes capas de la tierra.

¿QUÉ parte de la manzana o QUÉ parte de tu modelo de plastilina crees que representa el núcleo de la tierra? El núcleo de la tierra es como la parte central de la manzana, la parte que está en todo el centro de tu modelo de plastilina. El núcleo se encuentra en la profundidad del centro de la tierra. Este se divide en el núcleo interno sólido y un núcleo externo líquido. Mide alrededor de 33.796 kilómetros de un lado al otro y probablemente es tan caliente como 3.982 grados Celsius. Está formado probablemente de hierro y níquel y es de donde creemos que proviene el campo magnético de la tierra.

La siguiente capa después del núcleo es el manto. Es como la parte blanca de la manzana y es muy gruesa. Su temperatura es tan caliente como 1.648 grados Celsius y está formada probablemente por sólidas rocas de silicato, las cuales pueden comportarse como el plástico, bajo ciertos tipos de presión.

Y la última capa de la tierra es la corteza. La corteza es una cáscara externa muy fina, así como la cáscara de la manzana. Está formada por dos tipos de rocas diferentes. La corteza continental está compuesta mayormente de rocas de granito y la corteza oceánica está formada mayormente de rocas de basalto. La corteza continental es menos compacta, así que es más ligera y puede flotar sobre la corteza oceánica.

Ahora veamos la idea de las placas tectónicas. Cuando Dios rompió el gran abismo, estos creacionistas piensan que el fondo oceánico se deslizó hacia el manto rápidamente, causando que se llene del material caliente del manto, que lo volvería más ligero. Esta corteza más ligera empujaría el océano hacia los continentes (la tierra seca) y causaría un diluvio global. Además, los géiseres de gases súper calientes (las fuentes del gran abismo) serían el resultado del manto caliente que se mueve hacia arriba. Estos gases se condensarían y caerían como una lluvia intensa. Luego, mientras la corteza se enfriaba nuevamente y se volvía más pesada, las aguas regresarían hacia los océanos desde la tierra.

Todas estas ideas suenan bastante increíbles, ¿no es cierto? Pero solo Dios conoce exactamente cómo sucedió el diluvio. Lo más importante que necesitamos recordar es que la Palabra de Dios es pura verdad y debemos poner nuestra fe en Él y creer lo que Su Palabra nos dice, sin importar cuán imposible nos parezca a nosotros o al hombre.

Necesitamos ver este evento asombroso y catastrófico y ver cuán poderoso y asombroso es nuestro Dios. Todo el poder para controlar los cielos y la tierra yacen en Sus manos. Así como Jeremías 32:17 dice:

> *¡Ah, Señor Dios! Ciertamente, Tú hiciste los cielos y la tierra con Tu gran poder y con Tu brazo extendido. Nada es imposible para Ti.*

¡Has hecho todo un descubrimiento este día! Sin importar lo imposible que el hombre diga que un diluvio global fuera, sabemos que no es imposible porque Dios está en Su trono y ¡nada es imposible para Él!

QUINTO DÍA

MÁS INVESTIGACIÓN

"¿En qué se hallan?" preguntó el tío Jaime a Silvia y Max al acercarse a la fosa con la Dra. Mejía y otra persona que no habían visto antes.

"Estamos raspando la tierra con mucho cuidado", respondió Silvia, arreglándose el cabello hacia atrás. "Creemos haber topado algo, entonces queremos ser cuidadosos".

"Buen trabajo", respondió el tío Jaime. "Le pediré a William que venga y eche un vistazo. ¿Por qué no salen de la fosa por unos minutos? Hay alguien aquí que quiero que conozcan".

"De acuerdo, ya salimos". Max y Silvia dejaron sus palas y salieron del hoyo.

"Silvia, Max, esta es la Dra. Martín. Ella es una colega de la Dra. Mejía de la universidad". El tío Jaime les presentó a Silvia y Max a la mujer que estaba junto a la Dra. Mejía. "Ella es una paleontóloga. ¿Saben a qué se dedica?"

"Ella estudia dinosaurios", exclamó Max.

"Eso es correcto" replicó la Dra. Martín. "Los paleontólogos estudian los restos fósiles de plantas y animales para tratar de averiguar cómo vivieron estas plantas y animales, además de cómo llegaron a quedar atrapados y preservados por rocas minerales".

"Sabemos cómo sucedió eso", dijo Silvia. "Hemos estado estudiando Génesis y sabemos que Dios envió un gran diluvio que atrapó y preservó las plantas y los animales".

"Vaya" exclamó la Dra. Martín, "la Dra. Mejía me dijo que ustedes era listos. ¡Estoy impresionada!"

"Esa es la razón por la cual le pedí a la Dra. Mejía que trajera a la Dra. Martín al yacimiento", dijo el tío Jaime a Max y Silvia. "Quiero que aprendan sobre los dinosaurios y otros fósiles mientras se encuentran estudiando el diluvio".

"Cielos, eso es genial" exclamó Max, "una verdadera paleontóloga enseñándonos sobre dinosaurios. ¿Cuándo empezamos?"

"¿Qué tal si ustedes dos se asean mientras yo le consigo a la Dra. Martín algo de tomar?" dijo el tío Jaime. "Pueden encontrarse con la Dra. Martín junto al arroyo en unos diez minutos".

"Allí estaremos", intervino Silvia. "Vamos, Max. Corramos hacia la tienda".

Sí, yo soy un lagarto terrible, ¡pero prefiero que me llamen "Gruñonsauro"!

Ahora ¿estás listo para aprender sobre dinosaurios? La gente que cree en la evolución dice que bestias enormes murieron hace millones de años antes que el hombre apareciera en la tierra. ¿Es eso cierto? ¿Cuán antigua es la tierra? En Génesis Parte Uno desenterramos la verdad: la tierra no tiene billones o millones de años de antigüedad. Solo tiene miles de años de edad. Y también descubrimos lo que Dios creó en cada día de la Creación. Entonces ¿en dónde encajan los dinosaurios? ¿Cuándo los creó Dios? ¿Fueron metidos en el arca? ¿Cómo podría una enorme bestia entrar en el arca? Vamos a averiguarlo.

La palabra dinosaurio no se usa en la Biblia. La primera vez que se usó la palabra dinosaurio fue en 1841, cuando Sir Richard Owen la utilizó para describir algunos huesos que había descubierto. La palabra dinosaurio significa "lagarto terrible" y técnicamente la palabra se refiere solo a criaturas terrestres.

Ahora sabemos por qué la Biblia no utiliza la palabra dinosaurio. Es porque un hombre escogió la palabra para describir un descubrimiento que hizo en 1841. Pero la Biblia sí describe algunas bestias de gran tamaño y temibles. Echemos un vistazo a lo que la Biblia dice sobre estas bestias.

Una de las palabras que la Biblia usa para bestias grandes es *tannín*. *Tannín* es una palabra hebrea que es usada 28 veces en el Antiguo Testamento y usualmente se traduce como "dragón", especialmente en la Reina Valera. Algunas veces las traducciones modernas traducen esta palabra de otra manera, así que es difícil entender el significado original de la palabra. Veamos algunos ejemplos en las Escrituras a continuación. Marca la palabra en cada pasaje debajo de lo que piensas describe las bestias grandes, los *tannín*.

> *Génesis 1:21 Y Dios creó los grandes monstruos marinos y todo ser viviente que se mueve, de los cuales, según su especie, están llenas las aguas y toda ave según su especie. Y Dios vio que era bueno.*

> *Salmos 148:7 Alaben al Señor desde la tierra, monstruos marinos y todos los abismos.*

Isaías 27:1 Aquel día el Señor castigará con Su espada inflexible, grande y poderosa, a Leviatán (monstruo marino), serpiente huidiza, a Leviatán, serpiente tortuosa y matará al dragón que vive en el mar.

Viendo este último pasaje, Isaías 27:1, no solo vemos *tannín*, el dragón que vive en el mar, sino que otra palabra es usada para grandes bestias. La palabra es *leviatán*. Regresa a Isaías 27:1 y marca cada vez que veas la palabra *Leviatán*. Ahora mira los pasajes a continuación y marca cada referencia a *Leviatán*.

Salmos 104:26 Allí surcan las naves, y el Leviatán (monstruo marino) que hiciste para que jugara en él.

Lee todo Job 41 para ver la descripción completa.

Job 41:1-2 "¿Sacarás tú a Leviatán (al monstruo marino) con anzuelo o sujetarás con cuerda su lengua? ¿Pondrás una soga en su nariz o perforarás su quijada con gancho?

Dibuja una figura de cómo crees que se vería un *tannín* y un *leviatán* en el cuadro a continuación.

Ahora veamos otra palabra, *behemot*, que se usa una vez en las Escrituras en Job 40:15. La palabra hebrea *behemot* es una extensión plural de la palabra *bejemá*, una palabra usada 137 veces en el Antiguo Testamento para referirse a animales de cuatro patas. Se traduce "ganado, animales, bestias", pero cuando se usa como *behemot*, se refiere a una bestia salvaje.

Job es uno de los libros más antiguos en la Biblia y fue escrito probablemente unos pocos siglos *después del* diluvio. Además es el único lugar donde se utiliza *behemot*. Marca cada referencia a *behemot* y los pronombres que correspondan a *behemot* en las Escrituras a continuación.

> Job 40:15-23 *Mira a Behemot (al hipopótamo), al cual hice como a ti, que come hierba como el buey. Su fuerza está en sus lomos y su vigor en los músculos de su vientre. Mueve su cola como un cedro; entretejidos están los tendones de sus muslos. Sus huesos son tubos de bronce; sus miembros como barras de hierro. Es la primera de las obras de Dios; que sólo su hacedor le acerque su espada. Ciertamente alimento le traen los montes y todas las bestias del campo retozan allí. Bajo los lotos se echa, en lo oculto de las cañas y del pantano. Lo cubren los lotos con su sombra; los sauces del arroyo lo rodean. Si el río ruge, él no se alarma; Tranquilo está, aunque el Jordán se lance hacia su boca.*

Describe CÓMO se ve el *behemot*.

_____

_____

¿Qué come *behemot*?

_____

¿Es *behemot* fuerte? ___ Sí ___ No

Haz un dibujo de cómo crees que un *behemot* se vería en el cuadro a continuación.

Entonces ¿CUÁNDO creó Dios a los dinosaurios? Regresa a Génesis 1 si necesitas ayuda para recordar en QUÉ día Dios creó los dinosaurios. _____
¿Fueron metidos los dinosaurios en el arca? Mira Génesis 6:19-20 y Génesis 7:14-15. _____

¿Sabías que la mayoría de los dinosaurios no eran más grandes que una oveja? Algunos no eran más grandes que un pollo. El dinosaurio más grande probablemente no era más grande que la ballena azul de nuestros días. Aunque el arca era suficientemente grande para albergar animales adultos, eso no significa necesariamente que Dios mandó a Noé a tomar las versiones adultas de los animales al arca. Noé pudo haber tomado los animales en sus formas de bebé o jóvenes, que habrían sido más pequeños.

Entonces ¿QUÉ pasó con los dinosaurios después del diluvio? ¿CÓMO sabemos que los dinosaurios salieron del arca? ¿Alguna vez alguien vio un dinosaurio después del diluvio? Piensa en el libro de Job y lo que aprendiste sobre *behemot*.

¿CUÁNDO vivió Job: antes o después del diluvio?

_____

¿Alguna vez has oído alguna historia de dragones?

_____

¿Has oído sobre alguien que ha visto este tipo de criatura hoy? ¿QUÉ sobre la gente que afirma haber visto un monstruo marino en un lago de Escocia?

¿Podría haber todavía unos pocos en estos días?_____

¿POR QUÉ crees esto?

_____

_____

Entonces ¿QUÉ pasó con los dinosaurios? ¿Has aprendido en la escuela sobre los animales que están en peligro? ¿Qué hay sobre los animales que se han extinguido (que ya no existen)? Durante un periodo de tiempo muchos animales han estado en peligro, hasta el punto de que solo quedan unos pocos vivos hoy. Mientras que muchos otros animales se han extinguido, los dinosaurios desaparecieron por completo. No sabemos con certeza si los dinosaurios están extintos o si todavía hay unos pocos hoy en día, ya que ha habido avistamientos de criaturas semejantes a dinosaurios. Pero sí sabemos QUIÉN los hizo, así como las otras fantásticas criaturas en esta tierra.

¿Alguna vez has ido a un zoológico y has observado a los diferentes animales que Dios creó? Hay tantos animales únicos y asombrosos. Algunos tienen cuernos y escamas, así como grandes dientes que les permiten desgarrar la carne y las plantas como los dinosaurios. Dios creó un mundo entero lleno de criaturas asombrosas e interesantes. La próxima vez que vayas al zoológico, mira detenidamente a todas las criaturas de Dios para ver cuánto puedes aprender sobre Su creación.

7

INTERPRETANDO LAS CAPAS

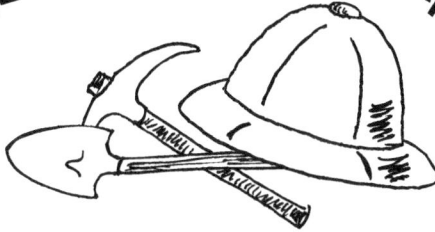

GÉNESIS 8

Bueno, arqueólogo novato, mira toda la evidencia que extrajiste la semana pasada en el sitio de excavación. Descubriste cómo empezó el diluvio y con la ayuda de la Dra. Martín, desenterraste la verdad que rodea el misterio de los dinosaurios.

Ahora necesitamos averiguar CUÁNTO duró el diluvio. ¿CÓMO supo Noé cuándo salir del arca? ¿Y CÓMO cambió la tierra después de tan devastadora catástrofe?

PRIMER DÍA

EXAMINANDO EL SUELO

¿Estás listo para investigar CÓMO cambió la tierra como consecuencia del diluvio? Hoy iremos a la fosa de tierra y luego al laboratorio con Ana, la Dra. Martín y el Dr. David Ramírez, nuestro geólogo de excavación. ¿Sabes a qué se dedica un geólogo? Los geólogos son científicos que estudian las rocas y los minerales y la manera en que la tierra fue formada. Eso será muy importante en este día cuando veamos cómo piensan los creacionistas y los naturalistas que se formaron las rocas sedimentarias y sus diversos fósiles.

¿Sabes qué es un creacionista? Se trata de un científico que cree en la Palabra de Dios. Un creacionista estudia cómo la verdadera ciencia apoya el registro bíblico de la Creación y el diluvio.

Un naturalista cree que la tierra llegó a existir durante un periodo de tiempo, que las rocas sedimentarias y sus fósiles tardaron millones de años en formarse. Los naturalistas creen en la evolución.

Necesitamos investigar por nosotros mismos cómo las montañas, los cañones, los valles y los ríos fueron formados. ¿Cambió la tierra debido al diluvio?

¿Alguna vez has visto una inundación en la televisión o en una película? ¿Notaste lo poderosas que son las aguas al correr por un pueblo o una aldea arrastrando lodo y escombros? Una pequeña inundación local puede causar mucho daño y destrucción.

Ahora imagina un diluvio ocurriendo sobre toda la tierra, cuando Dios rompe las fuentes del gran abismo y abre las compuertas del cielo. ¿Puedes imaginar la fuerza que rugía detrás de esas aguas? Habría millones de toneladas de tierra, plantas y animales siendo arrastrados alrededor de la tierra.

Luego cuando se secaron las aguas, el sedimento se establecería en capas. ¿Qué es el sedimento y qué son estas capas? Revisa las notas de la tarjeta de investigación de Max y Silvia a continuación.

Rocas Sedimentarias, Estrato Sedimentario y Fósiles

- Las rocas sedimentarias son rocas formadas por materiales como granos de arena, lodo, plantas muertas y animales que han sido transportados por aguas, glaciares o el viento de un lugar a otro.
- El estrato sedimentario trata de capas de la tierra formadas de rocas sedimentarias.
- Los fósiles son evidencia de plantas o animales que fueron enterrados rápidamente en el sedimento. Ellos son preservados en las rocas.

Hagamos un experimento que muestre cómo se forma el sedimento.
    Necesitarás:

Un frasco de vidrio de un cuarto de galón con una tapa (como un frasco de mermelada o mayonesa).

½ taza de tierra

¼ taza de arena

¼ taza de pequeñas piedras

1½ taza de agua

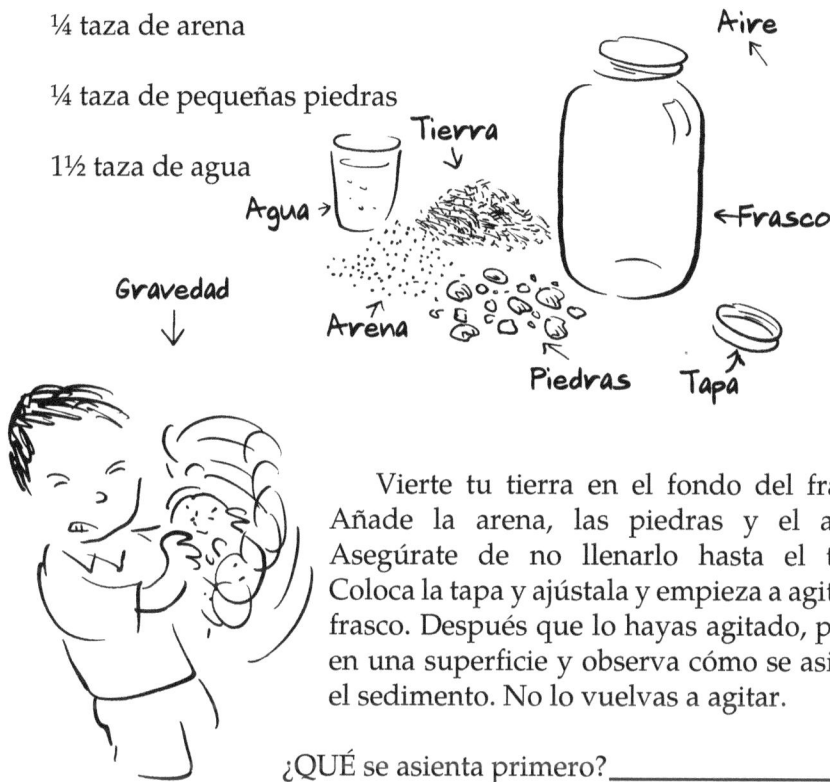

Vierte tu tierra en el fondo del frasco. Añade la arena, las piedras y el agua. Asegúrate de no llenarlo hasta el tope. Coloca la tapa y ajústala y empieza a agitar el frasco. Después que lo hayas agitado, ponlo en una superficie y observa cómo se asienta el sedimento. No lo vuelvas a agitar.

¿QUÉ se asienta primero?_____

¿QUÉ se asienta al final? _____

¿Se asientan las partículas en capas?_____

¿Alguna vez has visto fotos del Gran Cañón? ¿Sabías que tiene casi 322 kilómetros de longitud y en algunos lugares tiene un poco más de kilómetro y medio de profundidad?

Los evolucionistas creen que tomó millones de años en formarse todas aquellas capas de estrato sedimentario en el Gran Cañón. Los creacionistas creen que mientras las aguas decrecían, estas cortaron a través de las capas de estrato y formaron cañones, desfiladeros y cauces fluviales.

Revisemos una catástrofe geológica que ocurrió en 1980.

UNA CATÁSTROFE GEOLÓGICA

En 1980 un terremoto en el Monte Santa Helena causó una enorme avalancha que arrojó material de roca pulverizada cuesta abajo, hacia el Lago Espíritu. El material de la avalancha empujó el agua del Lago Espíritu fuera de su cuenca, causando un tsunami. Esta gran ola despojó árboles, tierra y escombros de las laderas de la montaña y de regreso al lago. Además desató una erupción volcánica. En seis minutos la explosión de la nube alcanzó 404 kilómetros cuadrados del bosque. Hojas y ramas fueron vaporizadas. Corrientes de lodo formadas por nieve derretida y hielo junto con cenizas volcánicas fueron vertidas en el valle, causando desastres montones de kilómetros más adelante con la corriente.

Los geólogos observaron que muchos cambios que ellos pensaron que tardarían años en ocurrir, sucediendo en solo horas, minutos y segundos durante esta catástrofe.

El Monte Santa Helena muestra cómo una catástrofe geológica puede tener efectos significativos sobre la tierra, ocasionando la rápida formación de características geológicas como la sedimentación en capas, cañones y bosques sepultados, en lugar de tardar miles de años como los científicos creían.

Ahora veamos los fósiles. ¿Sabías que hay aproximadamente un cuarto de millón de especies de organismos fósiles? Un fósil tiene que ser enterrado muy rápido para que sea preservado. Los naturalistas piensan que las capas de tierra fueron establecidas muy lentamente durante extensos periodos de tiempo. Si una planta o un animal fue cubierto lentamente, entonces se hubiera descompuesto mientras era cubierto y nosotros no tendríamos los fósiles que tenemos hoy. Encontrar una gran cantidad de fósiles sugiere que los sedimentos de la tierra fueron depositados entre capas con mucha rapidez, tal como hubiera ocurrido en el diluvio.

¿Sabías que los fósiles de criaturas marinas y ballenas han sido hallados en cimas de montañas? Lee Génesis 7:19 y menciona CÓMO pudo haber ocurrido esto.

_____

_____

En el Bosque Petrificado en Arizona, hay miles de enormes troncos de árboles y pedazos de árboles que están enterrados en el estrato sedimentario. Los geólogos dicen que estos árboles, cortezas y troncos vinieron de otra área. Estos árboles no crecen donde estos fósiles se encontraban. Lee Génesis 7:17-22. ¿Cómo pudieron haber sido movidos estos árboles para terminar en el Bosque Petrificado?

_____

_____

Ahora que has estudiado cómo se formaron los fósiles, ¿cuál crees que es el evento más probable en la historia bíblica en que los fósiles pudieron haberse formado?

_____

_____

Veamos una pregunta que muchos científicos formulan. Si hubo un diluvio global, entonces ¿ADÓNDE se fue toda el agua?

La semana pasada vimos uno de los modelos científicos, llamado el de placas tectónicas. Este modelo sugiere que la corteza terrestre se movió, lo cual produjo que el manto caliente empujara el océano hacia la tierra seca. Luego, una vez que la corteza se enfrió, las aguas regresaron hacia los océanos y decrecieron de la tierra.

¿Qué dice la Escritura? Mira el Salmo 104:5-9 impreso en la siguiente página. Esta Escritura no especifica si habla sobre el agua del diluvio, pero sí ofrece una posible explicación.

Marquemos cada referencia de las siguientes palabras. (¡No te olvides de los pronombres!)

Él, Tú, Tu (esto se refiere a Dios, dibuja un triángulo morado y coloréalo de amarillo)

Tierra (coloréala de café)   aguas

Salmos 104:5-9 Él estableció la tierra sobre sus cimientos, para que jamás sea sacudida. La cubriste con el abismo como con un vestido; las aguas estaban sobre los montes. A Tu reprensión huyeron, al sonido de Tu trueno se precipitaron. Se levantaron los montes, se hundieron los valles, al lugar que Tú estableciste para ellos. Pusiste un límite que no pueden cruzar, para que no vuelvan a cubrir la tierra.

¿QUÉ pasó con las aguas que estaban sobre los montes?

_____

¿QUÉ pasó con los montes?

_____

_____

¿QUÉ hay de los valles?

_____

_____

¿QUÉ crees que sucedió con todas las aguas cuando el diluvio terminó?

_____

_____

Ahora que has visto cómo se formaron las rocas sedimentarias, el estrato sedimentario y los fósiles, ¿en qué crees? ¿Crees que hubo un diluvio global que cambió la tierra? ¿O crees que las rocas sedimentarias, el estrato sedimentario y los fósiles de desarrollaron lentamente durante un largo periodo de tiempo?

_____

¡Hiciste un maravilloso trabajo examinando la tierra!

Para descubrir el verso para memorizar de esta semana, mira el laberinto a continuación. Encuentra el camino correcto en el interior del arca y escribe las palabras que descubras en el camino en una tarjeta. Luego revisa tu Registro de Observaciones para descubrir la cita de tu verso.

SALIDA	ENTONCES	DIOS	DIJO	QUE
Y	BESTIAS	LAS	SE ACORDÓ	DE NOÉ
DE	TODO	TODAS	DE	Y
QUE	EL GANADO	HIJOS	VIVIAN	EN EL
ESTABAN	CON	EL	ARCA.	Y
BOTE	ÉL	EN	HIZO	DIOS
VIENTO	VIENTO	UN	PASAR	ARCA
LA	SOBRE	DECRECIERON	LAS	SUS
TIERRA	Y		AGUAS.	LLEGADA

Génesis 8:___

BUSCANDO PISTAS

¿Te gustó trabajar con el Dr. Ramírez y la Dra. Martín ayer?

¿No te pareció asombroso aprender que el Gran Cañón podría haber sido causado por el diluvio en Génesis? La semana pasada, al dejar Génesis 7, Noé y su familia todavía estaban en el arca con las aguas del diluvio cubriendo la tierra.

Comencemos hoy yendo a la página 207 y leyendo Génesis 8. Marca las siguientes palabras clave junto con sus pronombres. Asegúrate de marcar todo lo que te dice cuándo sucedió algo con un reloj verde como este: Marca cualquier cosa que te indique DÓNDE sucedió algo subrayándolo con doble línea de color verde.

Señor (Dios) (dibuja un triángulo morado y coloréalo de amarillo)

Noé (coloréalo de azul) tierra (coloréala de café)

Agua   Cuervo (dibuja un pájaro negro)

Paloma (dibuja una silueta azul de un pájaro y déjalo en blanco)

Todo (coloréalo de naranja)   Carne (subráyala de rosado)

Ahora que has hecho tu investigación, ¿por qué no practicas tu verso para memorizar? Luego ve con Max y Silvia al arroyo a buscar unas piedras. ¿Alguna vez has notado una diferencia en las rocas que están en el arroyo y las que encuentras en el suelo, además de que las piedras del arroyo estén mojadas? Si vives cerca de un arroyo, pídele a un adulto que te lleve. Revisa las rocas que están en el arroyo y las rocas que están en el suelo para ver si puedes descubrir en qué son diferentes y por qué.

OTRO HALLAZGO

"Oigan, chicos", llamó el Dr. Ramírez a Silvia y Max cuando regresaron del arroyo. "Vengan acá y díganme qué descubrieron sobre las rocas". El Dr. se rió cuando vio a Silvia empapada y Max todo sonriente dirigiéndose hacia él. "¿Qué sucedió, Silvia?"

La sonrisa de Max se hizo más amplia cuando Silvia le dio un golpe.

"Max cree que es taaaan gracioso. Justo cuando estaba agachándome para coger la piedra más genial, Max gritó, '¡serpiente!' y me caí hacia atrás en el agua".

"¿Hiciste eso, Max?" El Dr. Ramírez trataba de mantener una expresión de seriedad.

"No pude evitarlo. La idea me vino a la mente justo cuando ella estaba recogiendo esa piedra. No sabía que ella se caería en el agua, ¡pero debiste haber visto su cara!"

"Tan solo espera. Cuando menos lo esperes, ¡venganza!" Silvia declaró dramáticamente y luego se rió. "Mantén tus ojos bien abiertos todo el tiempo".

"¿Trajeron algunas rocas de regreso?" preguntó el Dr. Ramírez.

"Claro que sí", respondió Max. "Este caja tiene las rocas de la tierra y esta otra caja tiene las rocas del arroyo dentro".

"Bien, saquen una roca de la tierra y tóquenla. Ahora sientan una de las rocas del arroyo. ¿Cómo se siente la roca de la tierra?"

"Como áspera y afilada", respondió Silvia.

"¿Qué hay de la roca del arroyo?"

"Lisa y algo redondeada", dijo Max.

"¡Excelente!! Ahora ¿pueden decirme por qué las rocas del arroyo se sienten lisas? Piensen sobre lo que aprendieron sobre el agua cortando a través del Gran Cañón".

"Creo que lo sé". Los ojos de Silvia se iluminaron. "Es porque el agua desgasta las rocas al fluir por ellas constantemente, alisándolas".

"Muy bien, Silvia. ¿Sabes cómo se denomina este proceso?"
El Dr. Ramírez hizo una pausa un momento. "Se denomina 'erosión'. El viento, la lluvia, el frío, las corrientes de aguas y las raíces de las plantas pueden romper y erosionar las rocas".

"Eso es genial", dijo Max.

"Ahora ¿están listos para regresar a Génesis y ver qué pueden desenterrar hoy?" preguntó el Dr. Ramírez.

Vamos a Génesis 8 en la página 207 y averigüemos qué está pasando en el arca. Lee Génesis 8 y resuelve el crucigrama en la siguiente página.

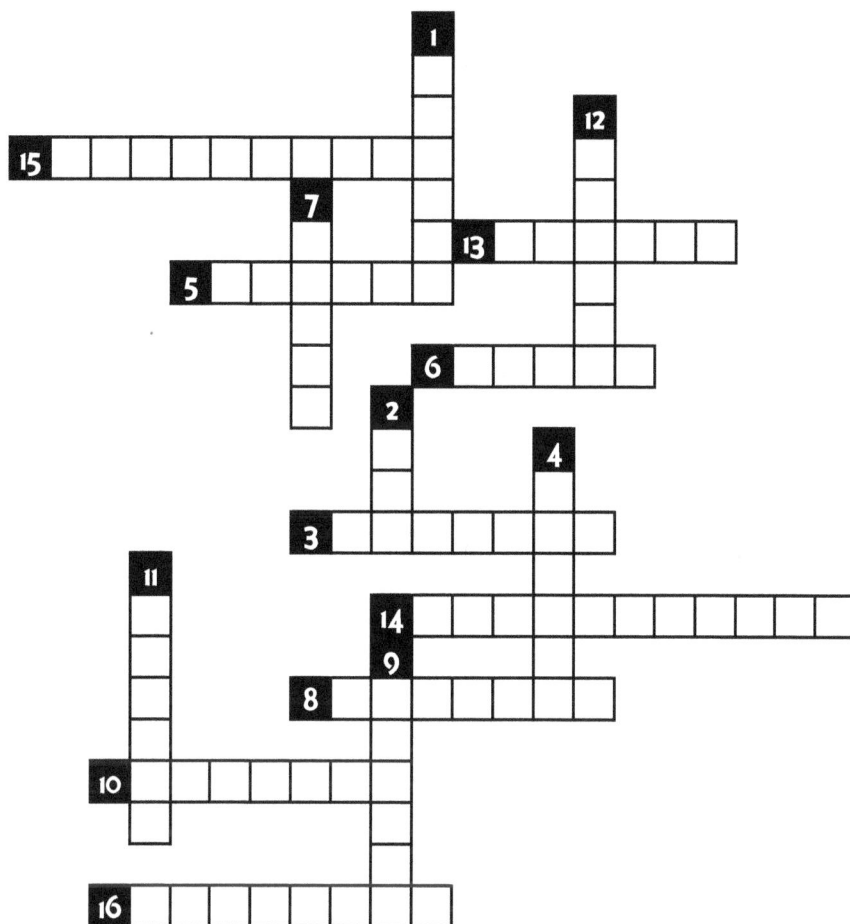

Génesis 8:1 ¿QUÉ hizo Dios?

1. (Vertical) Él se _____

¿De QUIÉN se acordó Dios?

2. (Vertical) _____

3. (Horizontal) y de todas las _____ y de todo el

4. (Vertical) _____ que estaban con él en el arca.

¿QUÉ hizo Dios CUANDO se acordó de ellos?

5. (Horizontal) Dios hizo pasar un _____ sobre la tierra.

¿QUÉ ocurrió cuando el viento pasó sobre la tierra?

6. (Horizontal) Las _____ decrecieron.

Génesis 8:2 ¿QUÉ hizo Dios con las fuentes del abismo y las compuertas del cielo?

7. (Vertical) Él las _____.

Génesis 8:3 ¿QUÉ pasó con las aguas?

8. (Horizontal) _____ gradualmente de sobre la tierra.

Génesis 8:4 ¿DÓNDE descansó el arca?

9. (Vertical) Sobre los montes de _____.

Génesis 8:6 ¿QUÉ hizo Noé al final de los 40 días?

10. (Horizontal) Él abrió la _____ del arca.

Génesis 8:7 ¿A QUIÉN envió Noé afuera?

11. (Vertical) Un _____

Génesis 8:8 ¿QUÉ envió Noé luego?

12. (Vertical) Una _____

Génesis 8:9 ¿QUÉ sucedió con la paloma?

13. (Horizontal) La paloma no encontró lugar donde posarse, de modo que _____ a él, al arca.

Génesis 8:11 ¿QUÉ trajo la paloma en su pico?

14. (Horizontal) Una _____ recién arrancada.

¿QUÉ comprendió Noé con esto?

15. (Horizontal) QUE las aguas habían _____ sobre la tierra.

Génesis 8:13 ¿QUÉ hizo Noé cuando las aguas se secaron sobre la tierra?

16. (Horizontal) Él quitó la _____ del arca.

EVALUANDO LOS ARTEFACTOS

"Max, ¿estás listo para salir?" Silvia preguntó al verlo arrojar una pelota a Chispa para que la persiguiera. "¿Te olvidaste que hoy trabajaremos en el laboratorio?"

"Estaré listo en solo un minuto. El tío Jaime va a pasar por aquí y recogerá a Chispa para llevarlo en su viaje al pueblo. No creímos que fuera buena idea dejar solo a Chispa suelto en el laboratorio".

"¡Tienes razón en eso! A Chispa le encantaría olfatear todos esos artefactos".

El tío Jaime llegó con la Dra. Martín. "Chispa, viejo amigo, ¿qué tal un viaje al pueblo con la Dra. Martín? De acuerdo, chicos, asegúrense de no meterse en problemas mientras llevo a la Dra. Martín de regreso a la universidad".

"Fue un gusto conocerla, Dra. Martín. Gracias por toda su ayuda!" Max y Silvia le dieron la mano a la Dra. Martín. "Quizás podamos visitarla en la universidad antes de ir a casa".

"Eso espero. Pasé un tiempo maravilloso con ustedes. Hagan un buen trabajo en el laboratorio hoy. Nos veremos pronto".

"Chao, tío Jaime. Nos vemos, Chispa. ¡Pórtate bien! Bien, Silvia, tomemos nuestros cuadernos y vamos al laboratorio".

Ahora que estamos en el laboratorio, necesitamos hacer una investigación. ¿CUÁNTO tiempo duró el diluvio? ¿CUÁNTO tiempo han estado Noé y su familia en el arca?

Leamos Génesis 8 en la página 207 y mira cada lugar donde pusiste un reloj verde en tu Registro de Observaciones que nos indique cuándo sucedieron los eventos. Ahora escribamos CUÁL fue el evento y CUÁNDO ocurrió en el cuadro.

Al ver el cuadro, necesitas darte cuenta que la Biblia no menciona la edad de Noé cuando él comenzó a construir el arca. Pero sabemos por Génesis 6:9-14 que fue después que nacieron los hijos de Noé: Sem, Cam y Jafet. Por tanto, en tu cuadro a lado de Génesis 6:14, coloca cuál fue la edad de Noé en Génesis 5:32 y en Génesis 7:11.

	Evento	Cuándo
Génesis 5:32		_____años de edad
Génesis 6:14		Entre _____ y _____ años
Génesis 7:11		_____ años _____ mes _____ día
Génesis 7:12		_____ días _____ noches
Génesis 7:24		_____ días
Génesis 8:4		_____ mes _____ día
Génesis 8:5		_____ mes _____ día
Génesis 8:6		Después de _____ días
Génesis 8:10		Después de _____ días
Génesis 8:12		Después de _____ días
Génesis 8:13		_____ año es _____ día
Génesis 8:14		_____ mes _____ día

Lee Génesis 8:13. ¿CUÁNTOS años tenía Noé cuando las aguas se secaron sobre la tierra? Escribe la respuesta en el espacio en blanco rotulado con una A.

Lee Génesis 7:6 y 7:11. ¿CUÁNTOS años tenía Noé cuando comenzó el diluvio? Pon la respuesta en el espacio en blanco rotulado con una B.

Ahora resta el número en el espacio en blanco B del número en el espacio en blanco A y verás CUÁNTO tiempo estuvo Noé en el arca.

A. _____ años – B. _____ años = _____ año

¿Puedes imaginar estar en un bote gigantesco en el medio de una tormenta devastadora, con olas golpeando y todos esos animales por todo un año? ¿Sabías que muchas veces durante un evento cataclísmico los animales se mantienen cerca y entran en un estado de hibernación? La hibernación es un estado de sueño. ¿No te asombras de cómo Dios cuida de incluso los detalles más pequeños?

Ahora practica diciendo tu verso para memorizar. ¿No te encantan este verso?

> *Entonces Dios se acordó de Noé y de todas las bestias y de todo el ganado que estaban con él.*

Dios nunca nos olvida. Aun cuando estamos en las circunstancias más difíciles, ¡Dios está ahí y Él se acuerda de nosotros!

REGISTRANDO LOS RESULTADOS

Ahora por fin el diluvio ha terminado. ¿CÓMO supo Noé cuándo salir del arca? ¿CÓMO se verá la tierra ahora que terminó el diluvio?

Imagina salir del arca después de un año y descubrir que todo ha cambiado. Recuerda lo que aprendimos sobre las inundaciones, los terremotos y los volcanes. La tierra no se veía igual. El pecado había cobrado un precio en la tierra una vez más. ¿Recuerdas el cambio que ocurrió con la tierra cuando Adán y Eva pecaron?

Veamos lo que Dios dijo sobre la tierra en Génesis 3:18-19.

¿QUÉ produjo la tierra después que Adán y Eva pecaron?

_____

Esta es la segunda vez que vemos un cambio en el mundo perfecto que Dios creó y en ambas ocasiones es debido al pecado. ¿Ves lo serio que Dios se toma el pecado? Dios jamás permite que el pecado no sea castigado.

Regresemos y leamos Génesis 8 en la página 208 para descubrir qué sucede ahora que Noé ha quitado la cubierta del arca y la tierra se ha secado.

Génesis 8:15 ¿CÓMO sabía Noé que estaba bien salir del arca?

_____

Génesis 8:16 ¿QUÉ le dijo Dios a Noé?

_____

Génesis 8:17 ¿QUÉ más le dijo Dios a Noé que hiciera?
"Saca contigo todo ser viviente de toda _____".
"Sean _____ y _____
sobre la tierra".

Génesis 8:18 ¿Obedeció Noé a Dios?

_____

Génesis 8:20 ¿QUÉ sucedió después que ellos salieron del arca?

_____

¿QUÉ ofreció Noé?

_____

¿POR QUÉ crees que Noé hizo esto?

_____

Génesis 8:21 ¿QUÉ hizo el Señor?

_____

¿QUÉ dijo el Señor para sí mismo?

"Nunca más volveré a _____ la _____
por causa del hombre".

"Nunca más volveré a _____ todo _____
_____ como lo he hecho".

¿Recuerdas la frase clave que marcaste en Génesis 6 y 7?

*Así lo hizo Noé; conforme a todo lo que Dios le había mandado,
así lo hizo.*

Noé hizo todo lo que Dios mandó. ¿Puede decir Dios eso
de ti?

_____

¿Notaste que Noé no salió del arca hasta que Dios se lo dijo?
Noé esperó el tiempo y dirección de Dios.

¿Le pides dirección a Dios en tu vida?
___Sí ___ No

¿Esperas una respuesta y oyes lo que Él dice?
___Sí ___ No

¿CÓMO empieza Noé su nueva vida? Edificando un altar para adorar a Dios. ¿Adoras a Dios? ¿Le das el primer lugar en tu vida y Lo trata como santo?

¿Le das gracias por llevarte con seguridad en medio de la tormenta? Dios proveyó un arca para salvación de Noé y su familia, para escapar de Su juicio. Dios provee un arca para ti también. Descubramos cómo.

Noé y su familia tuvieron que confiar en Dios y entrar en el arca para escapar el juicio de Dios y ser salvados. Solo había una puerta, un camino hacia el arca, así como solo hay un camino para que seamos salvos.

> *Juan 14:6 Jesús le dijo: "Yo soy el camino, la verdad y la vida; nadie viene al Padre sino por Mí".*

La única manera que tú y yo podemos escapar el juicio de Dios es mediante Su Hijo, Jesucristo. Debemos acercarnos a Él, creer en Él y recibirlo como nuestro Señor y Salvador. Entonces estaremos en Cristo y seremos salvos del juicio de Dios, tal como Noé.

8

NUEVOS DESCUBRIMIENTOS

GÉNESIS 9

¿Te gustó trabajar en el laboratorio la semana pasada? No solo descubrimos algunas cosas interesantes al probar nuestros artefactos, sino que también vimos que Noé, su familia y todo ser viviente salieron del arca y comenzaron sus nuevas vidas.

Esta semana regresaremos a la fosa para ver qué podemos desenterrar sobre la nueva vida de Noé.

DE REGRESO EN LA FOSA

Mientras Max, Silvia y Chispa se dirigían a la fosa de tierra, Max preguntó a Silvia: "¿Cuánta tierra hay en un hoyo de tres metros de largo por metro y medio de ancho y 0,60 metros de profundidad?"

"Ummm, déjame ver…3 x 1,5 x 0,60 son 2,70 metros cúbicos", exclamó Silvia.

Max estalló en risas. "¡Te tengo! La respuesta es *ninguna*. No hay tierra alguna en un hoyo. ¡Está *vacío*!"

"Ahora son dos que me debes, Max", refunfuñó Silvia.

El tío Jaime se acercó a ellos. "¿Están listos para regresar a la fosa?"

¿Y tú? Hablemos con nuestro "jefe de excavación" y luego podemos empezar. Ve a la página 209 y lee Génesis 9. Marquemos nuestros mapas al revisar las siguientes palabras clave.

Señor (Dios) (dibuja un triángulo morado y coloréalo de amarillo)

Noé (coloréalo de azul) tierra (coloréala de café)

Todo(s)/toda(s) (coloréalo de verde, enciérralo en un cuadro amarillo)

Pacto (coloréalo de rojo y enciérralo en un cuadro amarillo)

Sangre (dibújala con rojo)

Señal

Al continuar desenterrando la verdad en esta semana, descubriremos por qué Dios puso el arcoíris en las nubes. Echa un vistazo al arcoíris para encontrar el verso para memorizar de esta semana.

Cada rayo del arcoíris tiene palabras de tu verso para memorizar. Comienza con el rayo que está más arriba y la primera palabra, "y". Coloca la palabra "y" en el primer espacio en blanco debajo del verso. Luego escoge la primera palabra en el segundo rayo y colócala en el siguiente espacio en blanco y después haz lo mismo para el tercer rayo. Luego regresa y haz lo mismo de nuevo, escogiendo la segunda palabra de cada rayo. Continúa haciendo esto hasta que hayas descubierto tu verso de memoria. Cuando lo hayas descubierto, mira el capítulo 9 para encontrar la cita que le corresponde.

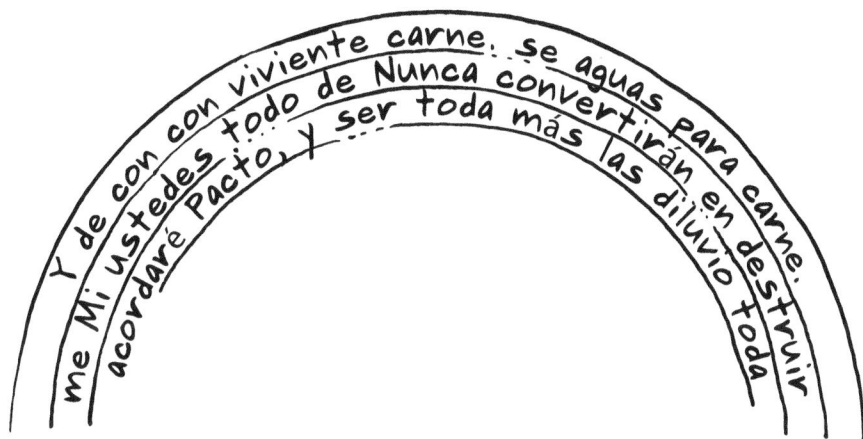

Y de con con viviente carne. se aguas para carne.
me Mi ustedes todo de Nunca convertirán en destruir
acordaré Pacto, y ser toda más las diluvio toda

<u>Y</u> ___ ___ ___ ___ ___ ___

___ , ___ ___ ___ ___ ___

___ ___ ___ ___ ___ ___ ___

___ ___ ___ . ___ ___

___ ___ ___ ___ ___ ___

___ ___ ___ ___ ___ ___ ___

___ ___ ___ ___ ___ .

Génesis 9: _____

Ahora ¿qué necesitas hacer? ¿Cuántas veces?

EXCAVEMOS MÁS

"Tío Jaime, tío Jaime", exclamó Silvia con mucha emoción. "Ven pronto. ¡Creo que hallamos algo!"

El tío Jaime y William descendieron al hoyo de tierra al mismo tiempo.

No se detengan!

"Tienes razón, Silvia. Creo que podrías haber hallado algo ahí. Podría ser otra pared o quizás un pilar. María, ¿por qué no tomas unas fotografías mientras continuamos raspando la tierra?"

"En un minuto", exclamó María.

¿Qué crees que pueda ser? Ayuda a Silvia y Max a raspar la tierra yendo a Génesis 9 en la página 209. Necesitamos hacer las seis preguntas básicas al desenterrar nuestro hallazgo.

Génesis 9:1 ¿QUÉ le hizo Dios a Noé y sus hijos?
Los _____.

¿QUÉ orden les da Dios?
Sean _____ y _____
y _____ la _____.

¿Has visto este mandamiento anteriormente?

Génesis 9:2 ¿QUÉ puso Dios en toda bestia, ave, reptil y pez?
El _____ y _____ de ustedes. En su _____
son todos _____.

Génesis 9:3 ¿CUÁL sería el alimento para ellos?

Todo lo que tiene _____.

Génesis 9:4 ¿QUÉ no debían comer?
_____ con su _____, su _____.

Cirnamos la tierra. Antes del diluvio, el hombre podía comer plantas. Después del diluvio vemos que Dios les dice a Noé y a sus hijos que ellos también pueden comer carne. Pero ellos no deben comer la carne con la sangre.

Génesis 9:5 ¿QUÉ pedirá cuenta Dios de cada hombre?
La _____ de cada ser _____.

Génesis 9:6 Si derraman la sangre de un hombre, ¿qué les ocurrirá?
Por el_____su_____será_____.

¿Por qué? Porque Dios hizo al hombre a la imagen de _____.

Génesis 9:7 ¿QUÉ quiere Dios que hagan ellos?
_____ en abundancia la tierra.

Ahora registra tu hallazgo. Toma cada respuesta que encaja en un espacio en blanco y encuéntrala en la siguiente sopa de letras.

Q	W	E	R	T	Y	U	I	O	P	A	S	D	F
G	D	I	O	S	H	J	R	K	L	L	S	A	S
D	E	B	F	G	H	O	J	V	K	F	A	L	E
Z	R	E	X	C	M	V	B	I	N	E	N	H	N
M	R	N	Q	E	W	E	R	D	H	C	G	U	T
R	A	D	T	I	E	R	R	A	O	U	R	M	R
T	M	I	Y	F	L	K	L	Q	M	N	E	A	E
A	A	J	U	G	L	W	E	R	B	D	T	N	G
S	D	O	I	H	E	T	E	R	R	O	R	O	A
D	A	P	O	J	N	Q	W	E	E	S	Q	W	D
P	U	E	B	L	E	N	T	R	S	M	A	N	O
Z	X	C	V	B	N	N	C	A	R	N	E	M	S
M	U	L	T	I	P	L	I	Q	U	E	N	S	E

¡Fantástico!

RASPANDO LA TIERRA

Parece que te estás quemando un poco. Vamos a ponernos bloqueador solar antes de regresar a la fosa. Al continuar raspando la tierra, necesitamos examinar detenidamente lo que Dios quiso decir en Génesis 9:6, cuando Él habla del hombre derramando la sangre del hombre. ¿CÓMO se denomina cuando un hombre mata a otro hombre?

_____

¿QUÉ es el asesinato? ¿Lo sabes? Asesinar es matar a alguien a propósito. Algunas veces una persona es matada, pero por accidente. Dios maneja el matar por accidente de modo diferente que con un asesinato.

Veamos algunas referencias cruzadas para ver qué dice la Palabra de Dios sobre matar a un hombre hecho a Su imagen.

Busca y lee Éxodo 20:13. ¿QUÉ dice Dios?

_____

Lee Éxodo 21:12-14.
Éxodo 21:12 ¿Parece esto asesinato o matar por accidente?

_____

¿CUÁL es el castigo para alguien que asesina a un hombre?

_____

Éxodo 21:13 ¿A QUÉ suena esto, asesinato o matar por accidente?

_____

¿CUÁL es el castigo para el que no mata intencionalmente a un hombre?

_____

Éxodo 21:14 La palabra hebrea para *enfurecer* es *zed* o *zud* y significa "intensificar, hervir, echar humos, actuar con soberbia o rebeldía".

Entonces ¿QUÉ clase de muerte es esta, un asesinato o por accidente?

_____

¿CUÁL es la consecuencia?

_____

Busca y lee Levítico 24:17-21.
Levítico 24:17 ¿QUÉ pasará con el hombre que le quite la vida a un ser humano?

_____

Levítico 24:18 ¿QUÉ pasará con el que tome la vida de un animal?

_____

Levítico 24:19-20 ¿QUÉ pasará con el hombre que hiera a su vecino?

_____

¿Entrega Dios el mismo castigo por matar a un animal que por matar a un ser humano?

_____

¿Ves lo importante que son los seres humanos para Dios?

_____

¿Valora Dios a las personas más que a los animales?

_____

¿POR QUÉ?

_____

_____

Números 35:9-34 es un pasaje donde Dios le dice a Moisés que le diga a los hijos de Israel sobre las ciudades de refugio, para aquellos que han matado accidentalmente a alguien y qué hacer con aquellos que han cometido asesinato. Hoy solo revisaremos una parte de este pasaje. Lee Números 35:30-34.

Números 35:30 ¿CUÁNDO se le dará muerte al que mate a una persona?

Ante la evidencia de _____.

A ninguna persona se le dará muerte por el

_____ de un _____

_____.

Los versos 31 y 32 nos muestran cómo lidiar con un asesino y con alguien que mató accidentalmente a alguien. ¿POR QUÉ se debe dar muerte a un asesino y exiliar a alguien que mate accidentalmente? Mira los versos 33 y 34. Porque la s _ _ _ _ _   c _ _ _ _ _ _ _ _ la tierra.

¿CUÁL es la única manera en que la tierra puede ser expiada (hacerle expiación o perdón) por el derramamiento de sangre? Mira el verso 33.

_____

Al cavar en la Palabra de Dios hemos visto que Dios coloca un valor muy alto en los seres humanos. Él nos creó a Su imagen. El asesinato contamina la tierra a menos que le demos muerte al asesino.

¿Sabes qué es la pena de muerte? Es cuando se le da muerte a una persona que ha sido hallada culpable en una corte, por haber matado a otra persona. ¿Es eso bíblico? ___ Sí ___ No

> Hay muchas personas que no creen que deberíamos practicar la pena de muerte hoy. De lo que has estudiado en la Palabra de Dios, ¿QUÉ crees al respecto y POR QUÉ?

> _____

> _____

¿QUÉ es el aborto? ¿Lo sabes? Es cuando una mujer embarazada decide que se le dé muerte a su bebé antes de que nazca.

Algunas personas reclaman que un bebé no es realmente un bebé hasta que nace. ¿QUÉ dice Dios al respecto? Busca y lee el salmo 139:13-14.

> ¿Creó Dios al bebé dentro de la madre?
> ___ Sí ___ No

> ¿Crees que Dios considera que ese bebé es un bebé antes de nacer?
> ___ Sí ___ No

> Entonces ¿QUÉ crees tú? ¿Es el aborto un asesinato?
> ___ Sí ___ No

> ¿Qué crees sobre nuestra tierra? ¿Está contaminada?
> ___ Sí ___ No

Ya hemos visto a Dios juzgar la tierra al enviar un diluvio. Debido a que vivimos en una tierra contaminada, ¿juzgará Dios la tierra de nuevo? Sí, Él lo hará. ¿Enviará Dios otro diluvio? Lo descubriremos mañana al continuar raspando la tierra.

¡OTRO GRAN HALLAZGO!

"¡Oh, cielos, mira eso!" exclamó Max. "¿No es eso genial?"

"Seguro que sí", respondió el tío Jaime. "¡Silvia y tú acaban de desenterrar otro gran hallazgo! Eso parece ser un pilar. Puede que hayamos descubierto algo bueno".

Buen trabajo, arqueólogo novato. Continuemos exponiendo este asombroso descubrimiento yendo a la página 210 y leyendo Génesis 9:8-17.

Génesis 9:9-10 ¿QUÉ establecerá Dios con Noé y sus descendientes y con todo ser viviente de la tierra?

_____

_____

¿QUÉ es un pacto? ¿Tienes idea? La palabra hebrea para *pacto* es *berít*. Un pacto es un convenio hecho al pasar entre pedazos de carne. Es un tratado, una alianza, un compromiso o un acuerdo. Un pacto es una promesa de por vida que jamás puede ser quebrantada.

¿Recuerdas haber marcado esta palabra en Génesis 6? Génesis 6 es la primera vez donde Dios usa la palabra *pacto*. Vuelve a Génesis 6:18-19. Dios está estableciendo Su pacto con Noé y su familia, prometiéndoles mantenerlos vivos durante el diluvio. Ahora en el capítulo 9 vemos que Dios hará una promesa a Noé, sus descendientes y a todos los seres vivos de la tierra. Averigüemos más sobre la promesa de Dios.

Génesis 9:11 ¿CUÁL es la promesa (pacto) que Dios hizo?

_____

Génesis 9:12-13 ¿QUÉ señal dio Dios para recordarles a Noé, sus futuras generaciones y todo ser vivo de esta promesa?

_____

Génesis 9:14 ¿CUÁNDO se verá el arco?

_____

Génesis 9:15 ¿QUÉ le recordará el arco a Dios?

_____

Génesis 9:16 ¿CUÁNTO tiempo durará este pacto?

_____

Repasando la definición de *pacto*, ¿puede un pacto ser quebrantado? ___ Sí ___ No

¿Mantuvo Dios Su pacto con Noé en Génesis 6?
¿Mantuvo con seguridad a Noé, su familia y todos los seres vivos en el arca durante el diluvio?

_____

¿Puede Dios mentir? ¡NO! Dios no puede mentir. Lo que Él dice Él hará. Dios siempre cumple Sus promesas. ¡Él es fiel!

Tras el devastador diluvio, Dios en Su amor y misericordia le da una promesa a Noé de nunca más volver a destruir el mundo con agua. Él sella Su promesa poniendo un arco en las nubes. ¿Alguna vez has visto un arcoíris? _____

¿CUÁNDO apareció?

_____

Si nunca hubieras visto la lluvia antes del diluvio, ¿CÓMO crees que te hubieras sentido la próxima vez que lloviera? ¿Estarías asustado y ansioso? ¿POR QUÉ?

_____

El arco aparece cuando llueve. Sirve para recordarle a Dios de Su pacto. ¿Crees que también le hacía acuerdo a Noé y su familia que Dios los mantendría a salvo para que no estén asustados la próxima vez que lloviera?

¿No es asombroso que un Dios increíble y santo nos ame tanto que nos hace una promesa, una que jamás puede ser rota?

Ayer hablamos de CÓMO Dios juzgaría al mundo la próxima vez. Después de todo lo que has aprendido hoy, ¿enviará Dios otro diluvio para juzgar la tierra? _____

¿CÓMO juzgará Dios la tierra la próxima vez?

_____

Si no conoces la respuesta a esta pregunta, busca y lee 2 Pedro 3:10 para hallar la respuesta.

¡Has hecho un *gran descubrimiento*! Dios es un Dios que cumple Sus promesas. ¿Y tú? ¿Cumples tus promesas?

Ahora vete a las duchas. En honor de tu gran descubrimiento, ¡vamos a tener salchichas asadas esta noche!

EXPONIENDO OTRA CAPA

"Casi has desenterrado ese pilar", le dijo William a Max y Silvia mientras ellos removían la tierra cuidadosamente del pilar con sus palas y sus cepillos.

"Por favor pásame la cantimplora, Max. Tengo tanta sed" suspiró Silvia de tanto calor.

"Yo también", dijo Max. "¡Ahhh, sabe tan rica!"

¿Estás listo para raspar un poco más? Vamos a la página 211 para desenterrar el resto de Génesis 9. Leamos Génesis 9:18-24.

Génesis 9:18 ¿Quiénes son los hijos de Noé?

_____

¿QUIÉN es el hijo de Cam?

_____

Génesis 9:19 ¿CÓMO fue poblada toda la tierra?

_____

Génesis 9:20 ¿QUÉ hace Noé?

_____

Génesis 9:21 ¿QUÉ le pasa a Noé?

Génesis 9:22 ¿QUIÉN encuentra a Noé?

_____

¿QUÉ hace al respecto?

_____

Génesis 9:23 ¿QUÉ hacen Sem y Jafet?

_____

Génesis 9:24-27 ¿CUÁL es la respuesta de Noé? ¿A QUIÉN bendice?

_____

¿A QUIÉN maldice?

_____

Génesis 9:28 ¿CUÁNTO tiempo vivió Noé después del diluvio?

_____

Génesis 9:29 ¿CUÁNTOS años tenía Noé cuando murió?

_____

Al examinar nuestros hallazgos, vemos que Noé y sus hijos obedecieron a Dios y poblaron la tierra. Dios ha llamado a Noé un hombre justo, pero ¿era Noé perfecto? No, no lo era. Él comete errores así como nosotros. ¿QUÉ hacemos cuando cometemos un error? (Recuerda 1 Juan 1:9).

_____

Cam corrió a decirles a sus hermanos sobre el error de Noé. ¿Fue eso correcto? ___ Sí ___ No

Sem y Jafet no querían deshonrar a su padre, así que entraron en su habitación de espaldas para poder cubrirlo. ¿Honras a tus padres?___ Sí ___ No

¿QUÉ ocurrió con Cam? _____

¿QUÉ hay de Sem y Jafet? _____

Ahora anda a la sombra y bebe una helada y deliciosa limonada. Piensa en cómo tratas a tus padres. ¿Te burlas de tus padres? ¿Les hablas con respeto o con un tono exasperado? ¿Haces lo que te piden o protestas para salirte con la tuya? Recuerda la bendición de Sem y Jafet y la maldición de Cam. ¿Por qué no dices tu verso a un amigo o a un adulto? Luego recuéstate y bebe esa limonada.

9
ROTULANDO LOS ARTEFACTOS

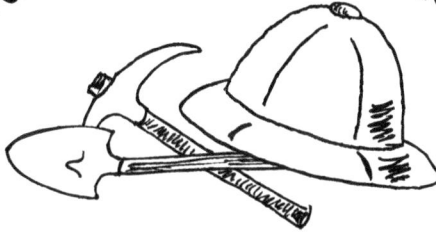

GÉNESIS 10-11

¿Puedes creerlo? Esta es nuestra última semana en el sitio de excavación. Al terminar nuestra excavación, necesitamos ayudar a etiquetar los artefactos que hemos desenterrado. Además necesitamos descubrir de dónde provienen las distintas naciones. Si todos descienden de Adán por medio de Noé, entonces ¿por qué hay tantos idiomas diferentes? Vamos a averiguarlo.

PRIMER DÍA

ABLANDANDO LA TIERRA

"Oye, Silvia, oíste ese tintineo?" preguntó Max al dar golpecitos con su pala en el suelo del hoyo de tierra.

"Sí, lo oí. Usemos nuestra espátula para ablandar la tierra. Creo que encontraste algo, Max".

"El tío Jaime tenía razón. Creo que estamos tras algo grande: primero la pared de piedra, luego el pilar, me pregunto ¿qué podría ser esto?"

"No lo sé, pero sigamos trabajando y descubrámoslo".

Vamos a comenzar. Ve a la página 213 en tu Registro de Observaciones y lee Génesis 10. Ahora marca las siguientes palabras y frases clave. Marca cualquier cosa que te indique CUÁNDO ocurrió algo con un reloj verde como este: Marca cualquier cosa que te indique DÓNDE subrayándolo con doble línea de color verde.

Sem (dibújalo con azul) Cam (dibújalo con verde)

Jafet (dibújalo con naranja) la tierra (coloréala de café)

Naciones (coloréala de verde y subráyala de café)

Después del diluvio (coloréalo de naranja y ponle un reloj verde sobre la frase)

Según/conforme su(s) lengua(s) (coloréalo de rosado)

Por sus tierras (enciérrala en azul)

Ahora encontremos tu verso para memorizar. Mira las piezas rotas de cerámica en la siguiente página y mira si puedes averiguar cómo encajarían juntas para formar una sola pieza de cerámica. Hemos rotulado cada pieza con una frase o una palabra. Así que mientras averiguas cómo encajan juntas, mira la figura de toda la cerámica. Trata de descubrir cómo encajan las piezas rotas en una sola vasija. Escribe la palabra o frase en la pieza, que combine dentro de la vasija. Luego escríbelas en orden en los espacios en blanco a continuación. Si una frase está en una pieza, entonces encajará en un espacio en blanco. Hemos hecho la primera para ti.

Luego dijeron:, _____ _____

_____ _____

_____ _____

_____ _____

_____ _____

_____ _____

_____ _____

_____ _____.

Génesis 11: _____

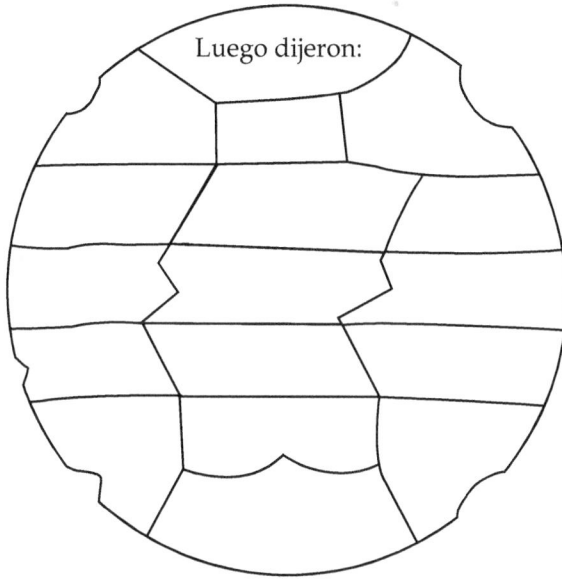

Luego dijeron:

Génesis 11: _____

Luego dijeron:

la tierra."

cuya cúspide

hasta los cielos,

no seamos

un nombre famoso,

llegue

y hagámonos

y una torre

superficie

edifiqué-monos

dispersados

para que

"Vamos,

sobre la

una ciudad

de toda

BUSCANDO PISTAS

"Bueno, Max", dijo el tío Jaime mientras removía la tierra, "creo que esto podría ser una pieza de alfarería. Pero no lo sabremos con certeza hasta que la hayas descubierto un poco más. Déjame llamar a María para que tome unas fotografías, antes de que sigas raspando. Podríamos haber descubierto algún tipo de almacén. ¿Por qué Silvia y tú no van a hablar con Carmen, nuestra ceramista, mientras esperamos a María? Ella puede decirte qué podríamos hallar al continuar excavando".

"Eso suena divertido, tío Jaime", dijo Silvia. "Vamos, Max. Vamos a encontrar a Carmen".

Ahora mientras vamos a la página 213 y leemos Génesis 10, ¿recuerdas los cuatro eventos principales de Génesis que descubrimos en la primera semana de nuestro estudio? Vamos a escribirlos y si recuerdas cómo hacer las dinámicas, hazlas también:

La C __ __ __ __ __ __ __

La C __ __ __ __

El D __ __ __ __ __ __

Las N __ __ __ __ __ __ __

Hasta ahora hemos visto que han sucedido tres de estos eventos en nuestro estudio de Génesis. Esta semana mientras vemos Génesis 10 y 11, veremos el último evento desarrollarse. Lee Génesis 10 y responde las seis preguntas básicas.

Génesis 10:1 ¿QUÉ registra Génesis 10?

_____

¿CUÁNDO tuvieron sus hijos Sem, Cam y Jafet?

_____

Génesis 10:5 Esta es la primera vez que vemos la palabra naciones. ¿Cómo estaban separadas las naciones?

_____

Hagamos una lista de lo que aprendemos al marcar *la tierra*.

NOTAS DE CAMPO

La Tierra:

Génesis 10:8 _____ llegó a ser poderoso en la tierra.

Génesis 10:25 En los días de _____ la tierra fue _____.

Génesis 10:32 Las _____ se propagaron sobre la tierra _____ del _____.

Génesis 10 nos da las generaciones de los hijos de Sem, Cam y Jafet y por primera vez vemos que hay naciones. La gente se dividió según su lengua y según sus familias. ¿CUÁNDO ocurrió esto? ¿Hemos visto a alguien hablar un idioma diferente? ¿Hemos visto alguna nación? Entonces ¿QUÉ pasó entre Génesis 9 y 10 para ocasionar estos cambios?

¿Recuerdas que Génesis 1 era un panorama general, el marco de la Creación y que luego Génesis 2 completó los detalles de la Creación? Lo mismo ocurre en Génesis 10 y 11. Génesis 10 nos da el panorama, el cuadro completo y Génesis 11 lo llena de detalles. Mañana al ver Génesis 11, descubriremos cómo se produjeron estas naciones.

EXTRAYENDO UN HALLAZGO

"Oigan, chicos", preguntó el tío Jaime, "¿Carmen les dio indicaciones sobre la cerámica?"

"Claro que sí", respondió Silvia. "Ella nos dijo que uno de sus trabajos era unir las piezas rotas, para reconstruir la imagen del objeto original. Ella dijo que era algo así como armar un rompecabezas".

Max miró al tío Jaime. "Carmen nos dejará acompañarla mientras trabaja en algunas piezas diferentes, después que terminemos nuestro trabajo en la fosa hoy".

"¡Eso es grandioso! ¿Están listos para desenterrar más de su hallazgo? María ha terminado, así que pueden regresar a trabajar".

Vamos a Génesis 11 en la página 216 y leamos nuestro Registro de Observaciones. Ahora marca las palabras y frases clave a continuación. Marca cualquier cosa que te indique CUÁNDO sucedió algo con un reloj como este: Marca cualquier cosa que indique DÓNDE subrayándolo con doble línea de color verde.

Sem (dibújalo de azul) ciudad

Después del diluvio (coloréalo de naranja y coloca un reloj verde sobre la frase)

Lengua (coloréala de rosado) toda la tierra (coloréala de café)

Peleg (dibújalo de rojo)

Estas son las generaciones de (coloréala de amarillo)

¡Ahora di tu verso de memoria tres veces seguidas, tres veces al día!

RECONSTRUYENDO LAS PIEZAS

"Vaya, tío Jaime, ¡mira eso!" exclamó Max con gran asombro.

"Parece que Silvia y tú han desenterrado algún tipo de bodega, Max. Mira toda esta cerámica y algunas de ellas siguen en una sola pieza. Carmen enloquecerá cuando vea esto".

"¿Podemos ir a decirle?" preguntó Silvia.

"Claro que sí y mientras le cuenten a Carmen, María tomará más fotografías. Es muy importante que documentemos cada paso de nuestra excavación".

Ahora veamos que descubriremos hoy. Ve a la página 216 a Génesis 11 en tu Registro de Observaciones y lee Génesis 11:1-9.

Génesis 11:1 ¿QUÉ vemos acerca de toda la tierra?

_____

Génesis 11:2 ¿DÓNDE se establecieron?

_____

Génesis 11:3 ¿QUÉ hicieron ellos?

_____

¿CÓMO la hicieron?

_____

Génesis 11:4 ¿Para QUÉ usaron los ladrillos?

_____

¿POR QUÉ?

_____

Génesis 11:5 ¿Para QUÉ descendió el Señor?

_____

Génesis 11:6 ¿QUÉ observó Dios sobre ellos?
Ellos son un _____ _____ y todos ellos tienen la
_____ _____.
Ahora nada de lo que se propongan hacer les será
_____.

Génesis 11:7 ¿QUÉ hizo Dios?

_____

Génesis 11:8 ¿QUÉ hizo Dios luego?

_____

¿QUÉ hizo la gente?

_____

Génesis 11:9 ¿DÓNDE confundió Dios su lengua?

_____

Ahora tenemos todas las piezas. La gente decidió edificar una ciudad que llegara al cielo para hacerse un nombre famoso.

¿Haremos un nombre famoso para nosotros mismos o debemos glorificar el nombre de Dios?

_____

Estas personas se estaban rebelando contra Dios al querer ser grandes fuera de Él. Ellos estaban enfocados en ellos mismos, no en Dios. Así que Dios descendió y confundió su lengua. Es algo difícil construir una gran ciudad si no se entienden unos con otros, ¿no es cierto?

Ahora regresa a Génesis 9:1. ¿QUÉ les dijo Dios que hicieran? "Sean fecundos y multiplíquense y llenen la tierra". ¿Se habían multiplicado? ___ Sí ___ No

¿Habían llenado la tierra o estaba tratando de vivir todos juntos en el mismo lugar?

_____

Ellos estaban desobedeciendo a Dios. No habían llenado la tierra como les dijo Dios. ¿CÓMO logró Dios Su voluntad (que ellos llenaran la tierra)?

_____

Dios siempre logra Su propósito, incluso cuando nos metemos en el camino. Él es Dios y gobierna sobre todo. Todo poder Le pertenece. Podemos escoger obedecer a Dios y seguirle o podemos escoger hacer las cosas a nuestra manera. Pero al final, la voluntad de Dios prevalecerá porque Él es Dios y nosotros solo somos hombres.

Ahora vamos a ver a Carmen trabajar uniendo algunas de las piezas rotas de cerámica.

REGISTRANDO NUESTROS ARTEFACTOS

Bueno, arqueólogo novato, este es nuestro último día en la excavación. Hemos aprendido muchísimo. Ha sido toda una a ventura. Vamos a ayudar a Silvia y Max para que aprendan a rotular todos los artefactos que hemos descubierto en esta excavación. Pero antes de empezar, ¿por qué no le das gracias a Dios por el asombroso privilegio de tomar esta aventura en Su Palabra?

Ahora, empecemos a etiquetar esos artefactos. Echa un vistazo al mapa a continuación para ver DÓNDE fueron dispersados los descendientes de Sem, Cam y Jafet. Colorea el área de Sem de azul, junto con sus descendientes que están en la lista de Génesis 10:22-29. Colorea el área de Cam de verde, junto con sus descendientes enlistados en Génesis 10:6-7 y colorea de naranja el área de Jafet y sus descendientes enlistados en Génesis 10:2-4. Luego ve a Génesis 11 en la página 217 y lee Génesis 11:10-32.

EUROPA

Descendientes
de Jafet

Tarsis

Mar Negro   Askenaz

Mar Caspio

Magog   Gomer
Lud   Rifat
Tiras   Mesec   Tubal   Togarma

Javán   Heber   Nínive   Madai
Dodanim   Peleg   Cala
Caftoreos   Elisa   Hamateos   Arfaxad
Ludim   Quitim   Het   Aram
Mar Mediterráneo   Descendientes
de Sem
Lehabim   Canaán   Acad
Naftuhim   Uz   Hul   Sinar   Masah
Casluhim   Put   Mizraim   Babel   Elam
Joctán   Erec   Golfo Pérsico
Havila

Cus   Dedán

Desierto
Arábigo
Descendientes
de Cam   Mar Rojo

Patrusim

Desierto
del Sahara   **ÁFRICA**   Ofir   Jobab

Raama

Clave:
Descendientes de Jafet
Descendientes de Sem
Descendientes de Cam   Uzal
Sabá   Hazar Mavet
Seba   Sabá   Jobab
Havila   Sabta   Mar
Havila   Obal   Arábigo

Génesis 11:10 ¿De QUIÉN es este registro de generaciones?

_____

¿CUÁNDO tuvo Sem a Arfaxad?

_____

Ahora completa el árbol genealógico de Sem a continuación:

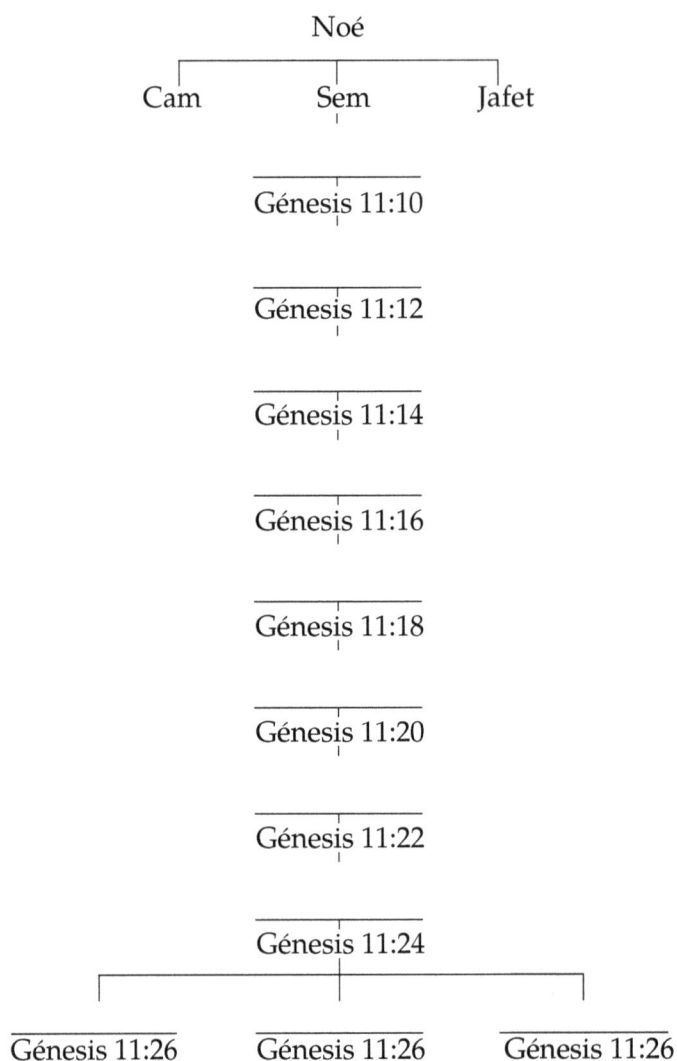

Noé

Cam   Sem   Jafet

———————
Génesis 11:10

———————
Génesis 11:12

———————
Génesis 11:14

———————
Génesis 11:16

———————
Génesis 11:18

———————
Génesis 11:20

———————
Génesis 11:22

———————
Génesis 11:24

———————   ———————   ———————
Génesis 11:26   Génesis 11:26   Génesis 11:26

Regresa y mira cuánto vivieron todos los descendientes de Sem después que tuvieron a sus hijos. ¿Estaba el hombre viviendo una vida más larga o más corta después del diluvio? Si no puedes recordar cuánto vivía el hombre antes del diluvio, revisa algunas de las edades en Génesis 5.

Génesis 11:27 ¿QUIÉNES eran los hijos de Taré?

_____

Génesis 11:28 ¿DÓNDE vivía Taré?

_____

Génesis 11:29 ¿QUIÉN era la esposa de Abram?

_____

Génesis 11:31 ¿ADÓNDE se dirigía Tare?

_____

Génesis 11:32 ¿DÓNDE murió Taré?

_____

¿QUIÉNES fueron las últimas personas registradas en el árbol genealógico de Sem?

_____

Este no es el fin de los descendientes de Sem. Solo son los últimos registrados en Génesis 11. Descubriremos más sobre los descendientes de Sem al continuar nuestra aventura en la Palabra de Dios.

¡Lo hiciste! Has desenterrado las verdades de Dios en Génesis Parte Dos. ¡Estamos muuuy orgullosos de ti! Ahora volvamos al campamento. ¡El tío Jaime tiene una fiesta de despedida planeada solo para ti!

De regreso en el campamento

¿Puedes creer que nuestro trabajo en Génesis Parte Dos terminó? ¡Hiciste un *espectacular* trabajo! Solo mira todo lo que has descubierto. Tú sabes lo que le ocurrió al mundo perfecto de Dios, POR QUÉ Adán y Eva fueron echados fuera del huerto, POR QUÉ Dios envió el diluvio a la tierra, a QUIÉNES Él salvó y POR QUÉ los salvó. Tú también descubriste por qué hablamos diferentes idiomas hoy y vivimos en diferentes países. Tú sabes cuáles son los cuatro eventos principales que constituyen la primera parte del libro de Génesis. ¡Todo ese trabajo duro dio resultados!

Además viste la primera promesa de nuestro Redentor, Jesucristo, quien moriría para pagar el precio de nuestros pecados. ¡QUÉ asombroso y bondadoso Dios que provee una vía de escape para ti y para mí!

Ahora vamos a cantar algunas canciones y comer esos malvaviscos. ¡Nos veremos muy pronto!

Silvia, Max y

(Chispa)

RESPUESTAS DE LOS JUEGOS Y ACTIVIDADES

PÁGINA 10

El	Señor	Dios	plantó	un	huerto	hacia

el	oriente	en	Edén,	y	puso	allí

al	hombre	que	había	formado.

Génesis 2:8

PÁGINA 25

Y el Señor Dios ordenó al hombre: "De todo árbol del huerto podrás comer, pero del árbol del conocimiento del bien y del mal no comerás, porque el día que de él comas, ciertamente morirás." (Génesis 2:16-17)

PÁGINA 47

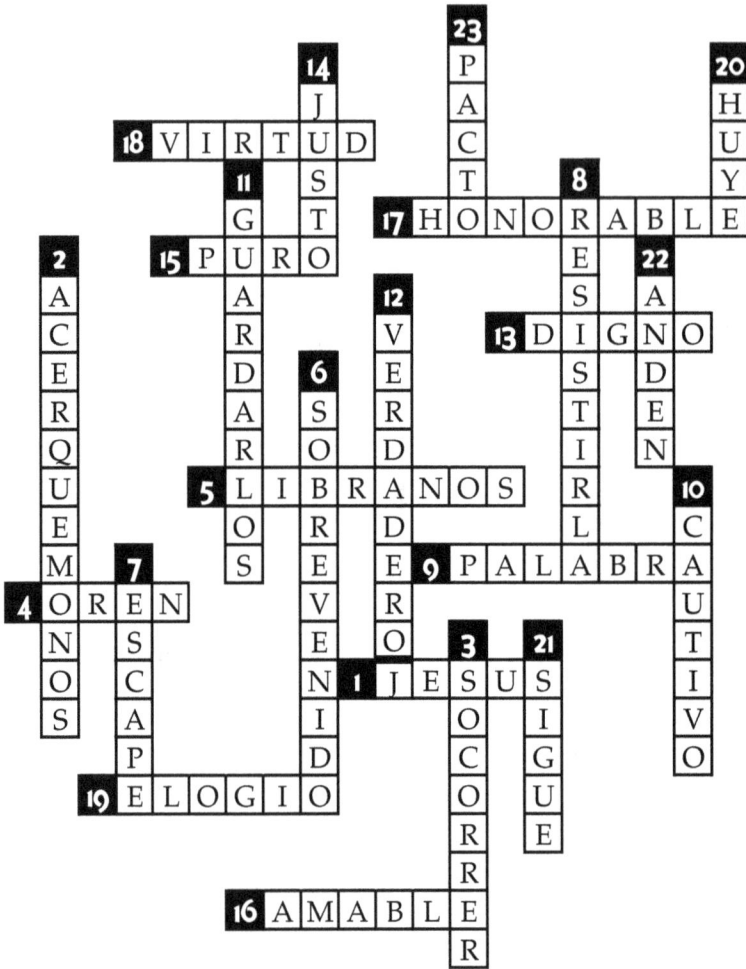

PÁGINA 52

EL **SEÑOR** DIOS **HIZO**

VESTIDURAS DE PIEL **PARA**

ADAN Y SU **MUJER** y LOS VISTIÓ.

Génesis 3:21

PÁGINA 78

También Abel, por su parte, trajo de los primogénitos de sus ovejas y de la grasa de los mismos. El Señor miró con agrado a Abel y su ofrenda, pero no miró con agrado a Caín y su ofrenda. Caín se enojó mucho y su semblante se demudó.

Génesis 4:4-5

PÁGINA 99

El Señor vio que era mucha la maldad de los hombres en la tierra y que toda intención de los pensamientos de su corazón era sólo hacer siempre el mal.

Génesis 6:5

PÁGINA 103

R	M	U	L	T	I	P	L	I	C	A	R	S	E	E
E	S	P	I	R	I	T	U	M	A	V	E	S	W	D
P	S	C	R	E	A	D	O	C	N	P	B	T	V	E
T	S	M	Q	L	U	C	H	A	R	A	V	R	I	S
I	G	A	N	A	D	O	Z	R	X	C	C	I	O	T
L	D	L	H	C	H	J	K	N	L	T	S	S	L	R
E	G	D	O	O	E	I	G	E	H	O	E	T	U	R
S	J	A	M	R	C	A	J	S	D	F	Ñ	E	N	I
S	H	D	B	A	H	U	I	A	O	P	O	Z	C	R
G	P	M	R	Z	O	E	R	T	S	Y	R	A	I	L
J	E	N	E	O	T	I	E	R	R	A	Q	W	A	O
Q	S	C	S	N	V	B	G	I	G	A	N	T	E	S
C	O	R	R	O	M	P	I	D	O	J	K	L	Z	X
D	I	L	U	V	I	O	H	B	O	R	R	A	R	E
P	E	S	A	T	Y	U	I	H	O	M	B	R	E	T

PÁGINA 115

El Señor exterminó, pues, todo ser viviente que había sobre la superficie de la tierra. Desde el hombre hasta los ganados, los reptiles y las aves del cielo, fueron exterminados de la tierra. Sólo quedó Noé y los que estaban con él en el arca.

Génesis 7:23

PÁGINA 141

SALIDA		ENTONCES →	DIOS	DIJO	QUE
Y	← BESTIAS ←	LAS	SE ACORDÓ	→ DE NOÉ	
DE →	TODO	TODAS	← DE	← Y	
QUE ←	EL GANADO	HIJOS	VIVIAN	EN EL	
ESTABAN	CON	EL →	ARCA. →	Y	
BOTE	ÉL →	EN	HIZO ←	DIOS	
VIENTO	VIENTO ←	UN	← PASAR	ARCA	
LA ←	SOBRE	DECRECIERON	LAS	SUS	
TIERRA	→	Y	AGUAS.	LLEGADA	

Génesis 8:1

PÁGINA 145

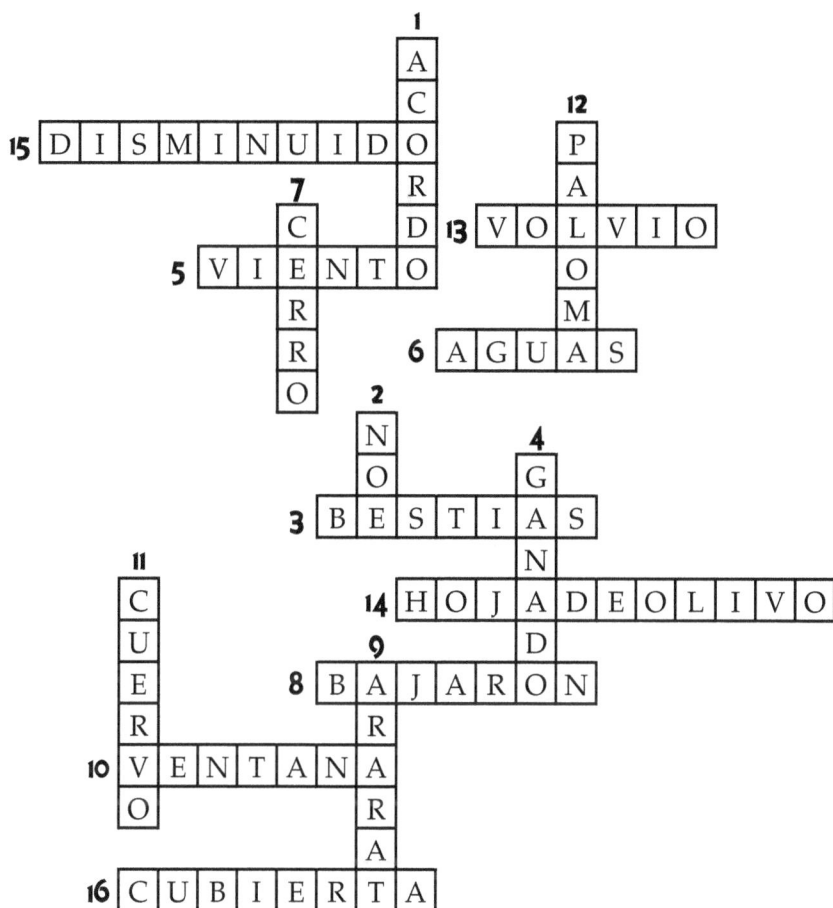

PÁGINA 155

Y me acordaré de Mi pacto, con ustedes y con todo ser viviente de toda carne. Nunca más se convertirán las aguas en diluvio para destruir toda carne.

Génesis 9:15

Pagina 157

Q	W	E	R	T	Y	U	I	O	P	A	S	D	F
G	D	I	O	S	H	J	R	K	L	L	S	A	S
D	E	B	F	G	H	O	J	V	K	F	A	L	E
Z	R	E	X	C	M	V	B	I	N	E	N	H	N
M	R	N	Q	E	W	E	R	D	H	C	G	U	T
R	A	D	T	I	E	R	R	A	O	U	R	M	R
T	M	I	Y	F	L	K	L	Q	M	N	E	A	E
A	A	J	U	G	L	W	E	R	B	D	T	N	G
S	D	O	I	H	E	T	E	R	R	O	R	O	A
D	A	P	O	J	N	Q	W	E	S	Q	W	D	
P	U	E	B	L	E	N	T	R	S	M	A	N	O
Z	X	C	V	B	N	N	C	A	R	N	E	M	S
M	U	L	T	I	P	L	I	Q	U	E	N	S	E

Página 171

Luego dijeron: "Vamos, edifiquémonos una ciudad y una torre cuya cúspide llegue hasta los cielos, y hagámonos un nombre famoso, para que no seamos dispersados sobre la superficie de toda la tierra."

Génesis 11:4

GÉNESIS 2-11

Capítulo 2

1 Así fueron acabados los cielos y la tierra y todas *sus* huestes (todo lo que en ellos hay).

2 En el séptimo día ya Dios había completado la obra que había estado haciendo y reposó en el día séptimo de toda la obra que había hecho.

3 Dios bendijo el séptimo día y lo santificó, porque en él reposó de toda la obra que Él había creado y hecho.

4 Estos son los orígenes de los cielos y de la tierra cuando fueron creados, el día en que el Señor Dios hizo la tierra y los cielos.

5 Aún no había ningún arbusto del campo en la tierra, ni había aún brotado ninguna planta del campo, porque el Señor Dios no había enviado lluvia sobre la tierra, ni había hombre para labrar la tierra.

6 Pero se levantaba de la tierra un vapor que regaba toda la superficie del suelo.

7 Entonces el Señor Dios formó al hombre del polvo de la tierra y sopló en su nariz el aliento de vida y fue el hombre un ser viviente.

8 Y el Señor Dios plantó un huerto hacia el oriente, en Edén y puso allí al hombre que había formado.

9 El Señor Dios hizo brotar de la tierra todo árbol agradable a la vista y bueno para comer. Asimismo, en medio del huerto, hizo brotar el árbol de la vida y el árbol del conocimiento (de la ciencia) del bien y del mal.

10 Del Edén salía un río para regar el huerto y de allí se dividía y se convertía en *otros* cuatro ríos.

11 El nombre del primero es Pisón. Este es el que rodea toda la tierra de *Havila*, donde hay oro.

12 El oro de aquella tierra es bueno; allí hay bedelio y ónice.

13 El nombre del segundo río es Gihón. Este es el que rodea la tierra de Cus.

14 El nombre del tercer río es Tigris. Este es el que corre al oriente de Asiria. Y el cuarto río es el Éufrates.

15 El Señor Dios tomó al hombre y lo puso en el huerto del Edén para que lo cultivara y lo cuidara.

16 Y el Señor Dios ordenó al hombre: "De todo árbol del huerto podrás comer,

17 pero del árbol del conocimiento (de la ciencia) del bien y del mal no comerás, porque el día que de él comas, ciertamente morirás."

18 Entonces el Señor Dios dijo: "No es bueno que el hombre esté solo; le haré una ayuda adecuada."

19 Y el Señor Dios formó de la tierra todo animal del campo y toda ave del cielo, y *los* trajo al hombre para ver cómo los llamaría. Como el hombre llamó a cada ser viviente, ése fue su nombre.

20 El hombre puso nombre a todo ganado y a las aves del cielo y a todo animal del campo, pero para Adán no se encontró una ayuda que fuera adecuada para él.

21 Entonces el Señor Dios hizo caer un sueño profundo sobre el hombre, y *éste* se durmió. Y *Dios* tomó una de sus costillas y cerró la carne en ese lugar.

22 De la costilla que el Señor Dios había tomado del hombre, formó una mujer y la trajo al hombre.

23 Y el hombre dijo:

"Esta es ahora hueso de mis huesos,

Y carne de mi carne.

Ella será llamada mujer,

Porque del hombre fue tomada."

24 Por tanto el hombre dejará a su padre y a su madre y se unirá a su mujer y serán una sola carne.

25 Ambos estaban desnudos, el hombre y su mujer, pero no se avergonzaban.

Capítulo 3

1 La serpiente era más astuta que cualquiera de los animales del campo que el SEÑOR Dios había hecho. Y dijo a la mujer: "¿Conque Dios les ha dicho: 'No comerán de ningún árbol del huerto'?"

2 La mujer respondió a la serpiente: "Del fruto de los árboles del huerto podemos comer;

3 pero del fruto del árbol que está en medio del huerto, Dios ha dicho: 'No comerán de él, ni lo tocarán, para que no mueran.'"

4 Y la serpiente dijo a la mujer: "Ciertamente no morirán.

5 Pues Dios sabe que el día que de él coman, se les abrirán los ojos y ustedes serán como Dios, conociendo el bien y el mal."

6 Cuando la mujer vio que el árbol era bueno para comer y que era agradable a los ojos y que el árbol era deseable para alcanzar sabiduría, tomó de su fruto y comió. También dio a su marido que estaba con ella y él comió.

7 Entonces fueron abiertos los ojos de ambos y conocieron que estaban desnudos; y cosieron hojas de higuera y se hicieron delantales.

8 Y oyeron al SEÑOR Dios que se paseaba en el huerto al fresco del día. Entonces el hombre y su mujer se escondieron de la presencia del SEÑOR Dios entre los árboles del huerto.

9 Pero el Señor Dios llamó al hombre y le dijo: "¿Dónde estás?"

10 Y él respondió: "Te oí en el huerto, tuve miedo porque estaba desnudo y me escondí."

11 "¿Quién te ha hecho saber que estabas desnudo?" le preguntó Dios. "¿Has comido del árbol del cual Yo te mandé que no comieras?"

12 El hombre respondió: "La mujer que Tú me diste por compañera me dio del árbol y yo comí."

13 Entonces el Señor Dios dijo a la mujer: "¿Qué es esto que has hecho?" "La serpiente me engañó y yo comí," respondió la mujer.

14 Y el Señor Dios dijo a la serpiente:

"Por cuanto has hecho esto,

Maldita serás más que todos los animales,

Y más que todas las bestias del campo.

Sobre tu vientre andarás,

Y polvo comerás

Todos los días de tu vida.

15 Pondré enemistad

Entre tú y la mujer,

Y entre tu simiente y su simiente;

él te herirá en la cabeza,

Y tú lo herirás en el talón."

16 A la mujer dijo:

"En gran manera multiplicaré

Tu dolor en el parto,

Con dolor darás a luz los hijos.

Con todo, tu deseo será para tu marido,

Y él tendrá dominio sobre ti."

17 Entonces el Señor dijo a Adán: "Por cuanto has escuchado la voz de tu mujer y has comido del árbol del cual te ordené, diciendo: 'No comerás de él,'

Maldita será la tierra por tu causa;

Con trabajo (dolor) comerás de ella

Todos los días de tu vida.

18 Espinos y cardos te producirá,

Y comerás de las plantas del campo.

19 Con el sudor de tu rostro

Comerás *el* pan

Hasta que vuelvas a la tierra,

Porque de ella fuiste tomado;

Pues polvo eres,

Y al polvo volverás."

20 El hombre le puso por nombre Eva a su mujer, porque ella era la madre de todos los vivientes.

21 El Señor Dios hizo vestiduras de piel para Adán y su mujer y los vistió.

22 Entonces el Señor Dios dijo: "Ahora el hombre ha venido a ser como uno de Nosotros (Padre, Hijo y Espíritu Santo), conociendo ellos el bien y el mal. Cuidado ahora, no vaya a extender su mano y tome también del árbol de la vida y coma y viva para siempre."

23 Y el Señor Dios lo echó del huerto del Edén, para que labrara la tierra de la cual fue tomado.

24 Expulsó, pues, al hombre; y al oriente del huerto del Edén puso querubines y una espada encendida que giraba en todas direcciones para guardar el camino del árbol de la vida.

Capítulo 4

1 Y el hombre (Adán) se unió a Eva, su mujer y ella concibió y dio a luz a Caín y dijo: "He adquirido varón con *la ayuda del* Señor."

2 Después dio a luz a Abel su hermano. Y Abel fue pastor de ovejas y Caín fue labrador de la tierra.

3 Al transcurrir el tiempo, Caín trajo al Señor una ofrenda del fruto de la tierra.

4 También Abel, por su parte, trajo de los primogénitos de sus ovejas y de la grasa de los mismos. El Señor miró con agrado a Abel y su ofrenda,

5 pero no miró con agrado a Caín y su ofrenda. Caín se enojó mucho y su semblante se demudó.

6 Entonces el Señor dijo a Caín: "¿Por qué estás enojado y por qué se ha demudado tu semblante?

7 Si haces bien, ¿no serás aceptado? Pero si no haces bien, el pecado yace a la puerta y te codicia, pero tú debes dominarlo."

8 Caín dijo a su hermano Abel: "Vayamos al campo." Y aconteció que cuando estaban en el campo, Caín se levantó contra su hermano Abel y lo mató.

9 Entonces el Señor dijo a Caín: "¿Dónde está tu hermano Abel?" Y él respondió: "No sé. ¿Soy yo acaso guardián de mi hermano?"

10 Y el Señor le dijo: "¿Qué has hecho? La voz de la sangre de tu hermano clama a Mí desde la tierra.

11 Ahora pues, maldito eres de la tierra, que ha abierto su boca para recibir de tu mano la sangre de tu hermano.

12 Cuando cultives el suelo, no te dará más su vigor. Vagabundo y errante serás en la tierra."

13 Y Caín dijo al Señor: "Mi castigo es demasiado grande para soportarlo.

14 Hoy me has arrojado de la superficie de la tierra y de Tu presencia me esconderé y seré vagabundo y errante en la tierra. Y sucederá que cualquiera que me halle me matará."

15 Entonces el SEÑOR le dijo: "No será así, *pues* cualquiera que mate a Caín, siete veces sufrirá venganza." Y el Señor puso una señal sobre Caín, para que cualquiera que lo hallara no lo matara.

16 Y salió Caín de la presencia del Señor y se estableció (habitó) en la tierra de Nod, al oriente del Edén.

17 Y conoció Caín a su mujer y ella concibió y dio a luz a Enoc. Caín edificó una ciudad y la llamó Enoc, como el nombre de su hijo.

18 A Enoc le nació Irad. Irad fue padre de Mehujael, Mehujael fue padre de Metusael y Metusael fue padre de Lamec.

19 Lamec tomó para sí dos mujeres. El nombre de una era Ada y el nombre de la otra, Zila.

20 Y Ada dio a luz a Jabal, el cual fue padre de los que habitan en tiendas y *tienen* ganado.

21 Su hermano se llamaba Jubal, el cual fue padre de todos los que tocan la lira y la flauta.

22 Zila a su vez dio a luz a Tubal Caín, forjador de todo utensilio de bronce y de hierro. Y la hermana de Tubal Caín *era* Naama.

23 Lamec dijo a sus mujeres:

"Ada y Zila, oigan mi voz;

Mujeres de Lamec,

Presten oído a mis palabras,

Pues he dado muerte a un hombre por haberme herido,

Y a un muchacho por haberme pegado.

24 Si siete veces es vengado Caín,

Entonces Lamec *lo será* setenta veces siete."

25 Adán se unió otra vez a su mujer; y ella dio a luz un hijo y le puso por nombre Set, porque, *dijo ella*: "Dios me ha dado otro hijo en lugar de Abel, pues Caín lo mató."

26 A Set le nació también un hijo y le puso por nombre Enós. Por ese tiempo comenzaron *los hombres* a invocar el nombre del Señor.

Capítulo 5

1 Este es el libro de las generaciones de Adán. El día que Dios creó al hombre, a semejanza de Dios lo hizo.

2 Varón y hembra los creó. Los bendijo y los llamó Adán el día en que fueron creados.

3 Cuando Adán había vivido 130 años, engendró un hijo a su semejanza, conforme a su imagen y le puso por nombre Set.

4 Y los días de Adán después de haber engendrado a Set fueron 800 años y tuvo *otros* hijos e hijas.

5 El total de los días que Adán vivió fue de 930 años y murió.

6 Set vivió 105 años y fue padre de Enós.

7 Y vivió Set 807 años después de haber engendrado a Enós y tuvo *otros* hijos e hijas.

8 El total de los días de Set fue de 912 años y murió.

9 Enós vivió 90 años y fue padre de Cainán.

10 Y vivió Enós 815 años después de haber engendrado a Cainán y tuvo *otros* hijos e hijas.

11 El total de los días de Enós fue de 905 años y murió.

12 Cainán vivió 70 años y fue padre de Mahalaleel.

13 Y vivió Cainán 840 años después de haber engendrado a Mahalaleel y tuvo *otros* hijos e hijas.

14 El total de los días de Cainán fue de 910 años y murió.

15 Mahalaleel vivió 65 años y fue padre de Jared.

16 Y vivió Mahalaleel 830 años después de haber engendrado a Jared y tuvo *otros* hijos e hijas.

17 El total de los días de Mahalaleel fue de 895 años y murió.

18 Jared vivió 162 años y fue padre de Enoc.

19 Y vivió Jared 800 años después de haber engendrado a Enoc y tuvo *otros* hijos e hijas.

20 El total de los días de Jared fue de 962 años y murió.

21 Enoc vivió 65 años y fue padre de Matusalén.

22 Enoc anduvo con Dios 300 años después de haber engendrado a Matusalén y tuvo *otros* hijos e hijas.

23 El total de los días de Enoc fue de 365 años.

24 Y Enoc anduvo con Dios y desapareció porque Dios se lo llevó.

25 Matusalén vivió 187 años y fue padre de Lamec.

26 Y vivió Matusalén 782 años después de haber engendrado a Lamec y tuvo *otros* hijos e hijas.

27 El total de los días de Matusalén fue de 969 años y murió.

28 Lamec vivió 182 años y tuvo un hijo.

29 Y le puso por nombre Noé, diciendo: "Este nos dará descanso de nuestra labor y del trabajo de nuestras manos, por *causa* de la tierra que el Señor ha maldecido."

30 Y vivió Lamec 595 años después de haber engendrado a Noé y tuvo *otros* hijos e hijas.

31 El total de los días de Lamec fue de 777 años y murió.

32 Noé tenía 500 años, y fue padre de Sem, de Cam y de Jafet.

Capítulo 6

1 Aconteció que cuando los hombres comenzaron a multiplicarse sobre la superficie de la tierra y les nacieron hijas,

2 los hijos de Dios vieron que las hijas de los hombres eran hermosas y tomaron para sí mujeres de entre todas las que les gustaban.

3 Entonces el Señor dijo: "Mi Espíritu no luchará para siempre con el hombre, porque ciertamente él es carne. Serán, pues, sus días 120 años."

4 Había gigantes en la tierra en aquellos días y también después, cuando los hijos de Dios se unieron a las hijas de los hombres y ellas les dieron *hijos*. Estos son los héroes (valientes) de la antigüedad, hombres de renombre.

5 El Señor vio que era mucha la maldad de los hombres en la tierra y que toda intención de los pensamientos de su corazón era sólo *hacer* siempre el mal.

6 Y al Señor Le pesó haber hecho al hombre en la tierra y sintió tristeza en Su corazón.

7 Entonces el Señor dijo: "Borraré de la superficie de la tierra al hombre que he creado, desde el hombre hasta el ganado, los reptiles y las aves del cielo, porque Me pesa haberlos hecho."

8 Pero Noé halló gracia ante los ojos del Señor.

9 Estas son las generaciones de Noé. Noé era un hombre justo, perfecto (íntegro) entre sus contemporáneos. Noé siempre andaba con Dios.

10 Noé engendró tres hijos: Sem, Cam y Jafet.

11 Pero la tierra se había corrompido delante de Dios y estaba la tierra llena de violencia.

12 Dios miró a la tierra y vio que estaba corrompida, porque toda carne (toda la gente) había corrompido su camino sobre la tierra.

13 Entonces Dios dijo a Noé: "He decidido poner fin a toda carne, porque la tierra está llena de violencia por causa de ellos; por eso voy a destruirlos *junto* con la tierra.

14 Hazte un arca de madera de ciprés. Harás el arca con compartimientos y la cubrirás con brea por dentro y por fuera.

15 De esta manera la harás: de 135 metros la longitud del arca, de 22.5 metros su anchura y de 13.5 metros su altura.

16 Le harás una ventana que terminará a 45 centímetros del techo y pondrás la puerta en su costado. Harás el arca de tres pisos.

17 "Entonces Yo traeré un diluvio sobre la tierra, para destruir toda carne (todo ser viviente) en que hay aliento de vida debajo del cielo. Todo lo que hay en la tierra perecerá.

18 Pero estableceré Mi pacto contigo. Entrarás en el arca tú y contigo tus hijos, tu mujer y las mujeres de tus hijos.

19 "Y de todo ser viviente, de toda carne, meterás dos de cada *especie* en el arca, para preservar*les* la vida contigo; macho y hembra serán.

20 De las aves según su especie, de los animales según su especie y de todo reptil de la tierra según su especie, dos de cada *especie* vendrán a ti para que *les* preserves la vida.

21 "Y tú, toma para ti de todo alimento que se come y almacénalo y será alimento para ti y para ellos."

22 Así lo hizo Noé; conforme a todo lo que Dios le había mandado, así lo hizo.

Capítulo 7

1 Entonces el Señor dijo a Noé: "Entra en el arca tú y todos los de tu casa; porque he visto que *sólo* tú eres justo delante de Mí en esta generación.

2 De todo animal limpio tomarás contigo siete parejas, el macho y su hembra; y de todo animal que no es limpio, dos, el macho y su hembra.

3 También de las aves del cielo, siete parejas, macho y hembra, para conservar viva la especie sobre la superficie de toda la tierra.

4 "Porque dentro de siete días Yo haré llover sobre la tierra cuarenta días y cuarenta noches y borraré de la superficie de la tierra a todo ser viviente que he creado."

5 Y Noé hizo conforme a todo lo que el Señor le había mandado.

6 Noé *tenía* 600 años cuando las aguas del diluvio vinieron sobre la tierra.

7 Entonces Noé entró en el arca y con él sus hijos, su mujer y las mujeres de sus hijos, a causa de las aguas del diluvio.

8 De los animales limpios y de los animales que no son limpios, de las aves y de todo lo que se arrastra sobre la tierra,

9 entraron de dos en dos con Noé en el arca, macho y hembra, como Dios había ordenado a Noé.

10 Aconteció que a los siete días las aguas del diluvio vinieron sobre la tierra.

11 El año 600 de la vida de Noé, el mes segundo, a los diecisiete días del mes, en ese mismo día se rompieron todas las fuentes del gran abismo y las compuertas del cielo fueron abiertas.

12 Y cayó la lluvia sobre la tierra por cuarenta días y cuarenta noches.

13 En ese mismo día entró Noé en el arca, con Sem, Cam y Jafet, hijos de Noé, la mujer de Noé y las tres mujeres de sus hijos con ellos.

14 También entró toda fiera según su especie, todo ganado según su especie, todo reptil que se arrastra sobre la tierra según su especie y toda ave según su especie, aves de toda clase.

15 Entraron, pues, con Noé en el arca de dos en dos de toda carne (todo ser viviente) en que había aliento de vida;

16 los que entraron, macho y hembra de toda carne, entraron como Dios se lo había mandado. Después el Señor cerró *la puerta* detrás de Noé.

17 Entonces vino el diluvio sobre la tierra por cuarenta días y las aguas crecieron y alzaron el arca y ésta se elevó sobre la tierra.

18 Las aguas aumentaron y crecieron mucho sobre la tierra y el arca flotaba sobre la superficie de las aguas.

19 Las aguas continuaron aumentando más y más sobre la tierra y fueron cubiertos todos los altos montes que hay debajo de todos los cielos.

20 Las aguas subieron 6.75 metros por encima de los montes después que habían sido cubiertos.

21 Y pereció toda carne que se mueve sobre la tierra: aves, ganados, bestias y todo lo que se mueve sobre la tierra y todo ser humano.

22 Todo aquello en cuya nariz había aliento de espíritu de vida, todo lo que había sobre la tierra firme, murió.

23 *El Señor* exterminó, pues, todo ser viviente que *había* sobre la superficie de la tierra. Desde el hombre hasta los ganados, los reptiles y las aves del cielo, fueron exterminados de la tierra. Sólo quedó Noé y los que *estaban* con él en el arca.

24 Las aguas prevalecieron sobre la tierra 150 días.

Capítulo 8

1 Entonces Dios se acordó de Noé y de todas las bestias y de todo el ganado que estaban con él en el arca. Y Dios hizo pasar un viento sobre la tierra y decrecieron las aguas.

2 Las fuentes del abismo y las compuertas del cielo se cerraron y se detuvo la lluvia del cielo.

3 Las aguas bajaron (se retiraron) gradualmente de sobre la tierra y después de 150 días, las aguas habían disminuido.

4 Y en el día diecisiete del mes séptimo, el arca descansó sobre los montes de Ararat.

5 Las aguas fueron decreciendo lentamente hasta el mes décimo; y el *día* primero del mes décimo, se vieron las cimas de los montes.

6 Después de cuarenta días, Noé abrió la ventana del arca que él había hecho,

7 y envió un cuervo, que estuvo yendo y viniendo hasta ver que se secaran las aguas sobre la tierra.

8 Después envió una paloma para ver si las aguas habían disminuido sobre la superficie de la tierra.

9 Pero la paloma no encontró lugar donde posarse, de modo que volvió a él, al arca, porque las aguas *estaban* sobre la superficie de toda

la tierra. Entonces Noé extendió la mano, la tomó y la metió consigo en el arca.

10 Esperó aún otros siete días y volvió a enviar la paloma desde el arca.

11 Hacia el atardecer la paloma regresó a él, *trayendo* en su pico una hoja de olivo recién arrancada. Entonces Noé comprendió que las aguas habían disminuido sobre la tierra.

12 Esperó aún otros siete días y envió *de nuevo* la paloma, pero ya no volvió más a él.

13 Y aconteció que en el año 601 *de Noé*, en el *mes* primero, el *día* primero del mes, se secaron las aguas sobre la tierra. Entonces Noé quitó la cubierta del arca y vio que la superficie de la tierra estaba seca.

14 En el mes segundo, el día veintisiete del mes, la tierra estaba seca.

15 Entonces dijo Dios a Noé:

16 "Sal del arca tú y contigo tu mujer, tus hijos y las mujeres de tus hijos.

17 Saca contigo todo ser viviente de toda carne que está contigo: aves, ganados y todo reptil que se arrastra sobre la tierra, para que se reproduzcan en abundancia sobre la tierra y sean fecundos y se multipliquen sobre la tierra."

18 Salió, pues, Noé y con él sus hijos y su mujer y las mujeres de sus hijos.

19 También salieron del arca todas las bestias, todos los reptiles, todas las aves y todo lo que se mueve sobre la tierra, cada uno según su especie.

20 Entonces Noé edificó un altar al Señor y tomó de todo animal limpio y de toda ave limpia y ofreció holocaustos en el altar.

21 El Señor percibió el aroma agradable y dijo el Señor para sí: "Nunca más volveré a maldecir la tierra por causa del hombre, porque la intención del corazón del hombre es mala desde su juventud. Nunca más volveré a destruir todo ser viviente como lo he hecho.

22 Mientras la tierra permanezca,

La siembra y la siega,

El frío y el calor,

El verano y el invierno,

El día y la noche,

Nunca cesarán."

Capítulo 9

1 Y Dios bendijo a Noé y a sus hijos y les dijo: "Sean fecundos y multiplíquense y llenen la tierra.

2 El temor y el terror de ustedes estarán sobre todos los animales de la tierra, sobre todas las aves del cielo, en todo lo que se arrastra sobre el suelo y en todos los peces del mar. En su mano son *todos* entregados.

3 Todo lo que se mueve y tiene vida les será para alimento. Todo lo doy a ustedes como *les di* la hierba verde.

4 Pero carne con su vida, *es decir, con* su sangre, no comerán.

5 "De la sangre de ustedes, de la vida de ustedes, ciertamente pediré cuenta: a cualquier animal y a cualquier hombre, pediré cuenta; de cada hombre pediré cuenta de la vida de un ser humano.

6 El que derrame sangre de hombre,

Por el hombre su sangre será derramada,

Porque a imagen de Dios

Hizo Él al hombre.

7 En cuanto a ustedes, sean fecundos y multiplíquense.

Pueblen en abundancia la tierra y multiplíquense en ella."

8 Entonces Dios habló a Noé y a sus hijos *que estaban* con él y les dijo:

9 "Miren, Yo establezco Mi pacto con ustedes y con su descendencia después de ustedes,

10 y con todo ser viviente que está con ustedes: aves, ganados y todos los animales de la tierra que están con ustedes, todos los que han salido del arca, todos los animales de la tierra.

11 Yo establezco Mi pacto con ustedes y nunca más volverá a ser exterminada toda carne (todo ser viviente) por las aguas del diluvio, ni habrá más diluvio para destruir la tierra."

12 También dijo Dios: "Esta es la señal del pacto que Yo hago con ustedes y todo ser viviente que está con ustedes, por todas las generaciones:

13 Pongo Mi arco en las nubes y será por señal de Mi pacto con la tierra.

14 "Y acontecerá que cuando haga venir nubes sobre la tierra, se verá el arco en las nubes,

15 y me acordaré de Mi pacto, con ustedes y con todo ser viviente de toda carne. Nunca más se convertirán las aguas en diluvio para destruir toda carne.

16 Cuando el arco esté en las nubes, lo miraré para acordarme del pacto eterno entre Dios y todo ser viviente de toda carne que está sobre la tierra."

17 Y dijo Dios a Noé: "Esta es la señal del pacto que Yo he establecido con toda carne que está sobre la tierra."

18 Los hijos de Noé que salieron del arca fueron Sem, Cam y Jafet. Cam fue el padre (antepasado) de Canaán.

19 Estos tres *fueron* los hijos de Noé y de ellos se pobló toda la tierra.

20 Noé comenzó a labrar la tierra y plantó una viña.

21 Bebió el vino y se embriagó y se desnudó en medio de su tienda.

22 Cam, padre (antepasado) de Canaán, vio la desnudez de su padre y se lo contó a sus dos hermanos *que estaban* afuera.

23 Entonces Sem y Jafet tomaron un manto, lo pusieron sobre sus hombros y caminando hacia atrás cubrieron la desnudez de su padre. Como sus rostros estaban vueltos, no vieron la desnudez de su padre.

24 Cuando Noé despertó de su embriaguez y supo lo que su hijo menor le había hecho,

25 dijo:

"Maldito sea Canaán;

Siervo de siervos

Será para sus hermanos."

26 Dijo también:

"Bendito sea el Señor,

El Dios de Sem;

Y sea Canaán su siervo.

27 Engrandezca Dios a Jafet,

Y habite en las tiendas de Sem;

Y sea Canaán su siervo."

28 Noé vivió 350 años después del diluvio.

29 El total de los días de Noé fue de 950 años y murió.

Capítulo 10

1 Estas son las generaciones de Sem, Cam y Jafet, hijos de Noé, a quienes les nacieron hijos después del diluvio.

2 Los hijos de Jafet: Gomer, Magog, Madai, Javán, Tubal, Mesec y Tiras.

3 Los hijos de Gomer: Askenaz, Rifat y Togarmá.

4 Los hijos de Javán: Elisa, Tarsis, Quitim y Dodanim.

5 De éstos, las costas de las naciones se dividieron en sus tierras, cada uno conforme a su lengua, según sus familias, en sus naciones.

6 Los hijos de Cam: Cus, Mizraim (Egipto), Fut y Canaán.

7 Los hijos de Cus: Seba, Havila, Sabta, Raama y Sabteca y los hijos de Raama: Seba y Dedán.

8 Cus fue el padre de Nimrod, que llegó a ser poderoso en la tierra.

9 Él fue un poderoso cazador delante del Señor. Por tanto se dice: "Como Nimrod, poderoso cazador delante del Señor."

10 El comienzo de su reino fue Babel, Erec, Acab y Calne, en la tierra de Sinar.

11 De aquella tierra salió hacia Asiria y edificó Nínive, Rehobot Ir, Cala,

12 y Resén, entre Nínive y Cala; aquélla es la gran ciudad.

13 Mizraim (Egipto) fue el padre (antepasado) de Ludim, de Anamim, de Lehabim, de Naftuhim,

14 de Patrusim, de Casluhim (de donde salieron los filisteos) y de Caftorim.

15 Canaán fue el padre de Sidón su primogénito y de Het,

16 y *el antepasado* del jebuseo, del amorreo, gergeseo,

17 heveo, araceo, sineo,

18 del arvadeo, zemareo y del hamateo. Y después las familias de los cananeos fueron esparcidas.

19 El territorio de los cananeos se extendía desde Sidón, rumbo a Gerar, hasta Gaza; y rumbo a Sodoma, Gomorra, Adma y Zeboim, hasta Lasa.

20 Estos son los hijos de Cam, según sus familias, según sus lenguas, por sus tierras, por sus naciones.

21 También le nacieron hijos a Sem, padre de todos los hijos de Heber, y hermano mayor de Jafet.

22 Los hijos de Sem: Elam, Asur, Arfaxad, Lud y Aram.

23 Los hijos de Aram: Uz, Hul, Geter y Mas.

24 Arfaxad fue el padre de Sala y Sala de Heber.

25 A Heber le nacieron dos hijos: el nombre de uno *fue* Peleg, porque en sus días fue repartida la tierra y el nombre de su hermano, Joctán.

26 Joctán fue el padre de Almodad, Selef, Hazar Mavet, Jera,

27 Adoram, Uzal, Dicla,

28 Obal, Abimael, Seba,

29 Ofir, Havila y de Jobab. Todos éstos fueron hijos de Joctán.

30 Su territorio se extendía desde Mesa rumbo a Sefar, la región montañosa del oriente.

31 Estos son los hijos de Sem, según sus familias, según sus lenguas, por sus tierras, conforme a sus naciones.

32 Estas son las familias de los hijos de Noé según sus genealogías, por sus naciones. De ellos se propagaron las naciones sobre la tierra después del diluvio.

Capítulo 11

1 Toda la tierra hablaba la misma lengua y las mismas palabras.

2 Según iban hacia el oriente, hallaron una llanura en la tierra de Sinar y se establecieron allí.

3 Y se dijeron unos a otros: "Vamos, fabriquemos ladrillos y cozámoslos bien." Y usaron ladrillo en lugar de piedra y asfalto en lugar de mezcla.

4 Luego dijeron: "Vamos, edifiquémonos una ciudad y una torre cuya cúspide *llegue* hasta los cielos y hagámonos un nombre *famoso*, para que no seamos dispersados sobre la superficie de toda la tierra."

5 Pero el Señor descendió para ver la ciudad y la torre que habían edificado los hijos de los hombres.

6 Y dijo el Señor: "Son un solo pueblo y todos ellos tienen la misma lengua. Esto es lo que han comenzado a hacer y ahora nada de lo que se propongan hacer les será imposible.

7 Vamos, bajemos y confundamos allí su lengua, para que ninguno entienda el lenguaje del otro."

8 Así el Señor los dispersó desde allí sobre la superficie de toda la tierra y dejaron de edificar la ciudad.

9 Por eso la ciudad fue llamada Babel (Babilonia), porque allí el Señor confundió la lengua de toda la tierra y de allí el Señor los dispersó sobre la superficie de toda la tierra.

10 Estas son las generaciones de Sem: Sem *tenía* 100 años y fue el padre de Arfaxad, dos años después del diluvio.

11 Y vivió Sem 500 años después de haber engendrado a Arfaxad y tuvo *otros* hijos e hijas.

12 Arfaxad vivió 35 años y fue padre de Sala.

13 Y vivió Arfaxad 403 años después de haber engendrado a Sala y tuvo *otros* hijos e hijas.

14 Sala vivió 30 años y fue padre de Heber.

15 Y vivió Sala 403 años después de haber engendrado a Heber y tuvo *otros* hijos e hijas.

16 Heber vivió 34 años y fue padre de Peleg.

17 Y vivió Heber 430 años después de haber engendrado a Peleg y tuvo *otros* hijos e hijas.

18 Peleg vivió 30 años y fue padre de Reu.

19 Y vivió Peleg 209 años después de haber engendrado a Reu y tuvo *otros* hijos e hijas.

20 Reu vivió 32 años y fue padre de Serug.

21 Y vivió Reu 207 años después de haber engendrado a Serug y tuvo *otros* hijos e hijas.

22 Serug vivió 30 años y fue padre de Nacor.

23 Y vivió Serug 200 años después de haber engendrado a Nacor y tuvo *otros* hijos e hijas.

24 Nacor vivió 29 años y fue padre de Taré.

25 Y vivió Nacor 119 años después de haber engendrado a Taré y tuvo *otros* hijos e hijas.

26 Taré vivió 70 años y fue padre de Abram, de Nacor y de Harán.

27 Estas son las generaciones de Taré: Taré fue padre de Abram, de Nacor y de Harán. Harán fue padre de Lot.

28 Harán murió en presencia de su padre Taré en la tierra de su nacimiento, en Ur de los caldeos.

29 Abram y Nacor tomaron para sí mujeres. El nombre de la mujer de Abram *era* Sarai y el nombre de la mujer de Nacor, Milca, hija de Harán, padre de Milca y de Isca.

30 Pero Sarai era estéril; no tenía hijo.

31 Y Taré tomó a Abram su hijo, a su nieto Lot, hijo de Harán y a Sarai su nuera, mujer de su hijo Abram. Salieron juntos de Ur de los caldeos, en dirección a la tierra de Canaán. Llegaron hasta Harán y se establecieron allí.

32 Los días de Taré fueron 205 años. Y murió Taré en Harán.

www.ingramcontent.com/pod-product-compliance
Lightning Source LLC
Chambersburg PA
CBHW062040090426
42740CB00016B/2970